문화문고 029

십구사략 2

十九史略

정광호 역

傳統文化研究會

문화문고 십구사략 2 정가 12,000원

2018년 8월 10일 초판 인쇄
2018년 8월 20일 초판 발행

번 역 정광호
편 집 남현희
교 정 곽성용
출 판 김주현
관 리 함명숙
보 급 서원영

발행인 이계황
발행처 (사)전통문화연구회
서울시 종로구 삼일대로 428 낙원빌딩 411호
전화 : 02-762-8401 전송 : 02-747-0083
사이버書堂 : cyberseodang.or.kr
온라인서점 : book.cyberseodang.or.kr
전자우편 : juntong@juntong.or.kr
등 록 : 1989. 7. 3. 제1-936호

인쇄처 : 한국법령정보주식회사(02-462-3860)
총 판 : 한국출판협동조합(070-7119-1750)

ISBN 979-11-5794-195-7 04910
978-89-91720-76-3(세트)

간행사

본회는 한국고전의 연구와 번역의 선결과제先決課題로, 동양고전의 협동연구번역과 on-off 라인을 통한 교육을 해온 지 20여 년이 되었다. 이는 우리의 역사歷史와 문화文化를 깊이 이해하기 위하여 동양의 역사와 문화를 총체적으로 조명하여야 한다는 취지에서이다.

그런데 동서양 고전에 대해서 그 중요성은 인정하고 있지만, 특히 한국과 동양의 한문고전은 지식인이나 일반인은 물론 전문가조차 해독하기 어려워 일본이나 중국의 번역본을 중역하는 상황이었고, 동양고전은 현대화가 늦어져 이제야 본격적인 작업을 하고 있다.

오늘날 각계의 교류가 긴밀히 이루어지면서 세계가 하나로 되는 상황에 이르러, 우리 국민의 역사 · 문화 의식이 한국에서 동양으로, 또 세계로 지향해야 하는 시급한 시대가 다가왔다.

그러나 세계로의 지향이 서구화의 다른 이름이고 우리로서는 허상일 수 있음을 주의해야겠지만, 우리와 동양의 자주성과 자존의 아집도 경계하여 새로운 그 무엇을 그려내야 할 것이다. 이를 위해서는 일차적으로 한韓 · 중中 · 일日이 삼국양립三國兩立에서 발전하여 삼국정립三國鼎立을 이룸으로써, 치욕의 역사에서 벗어나 안정과 발전의 기반을 마련해야 할 것이다.

본회는 이러한 상황에서 1차적인 준비로 '동양문화총서'를 몇 권 간행한 바 있으나, 이 계획의 충실을 기하기 위해서는 한 손에는 연구, 다른 한 손에는 보급이라는 과제를 좀 더 확실히 해결하지 않으면 안 된다. 이러한 문화 보급의 취지에서 앞으로 국민의 전체적인 수준 향상을 위하여 '사서四書'의 문고화를 시작으로, 우리와 동양에서부터 서양의 고전과 인물과 문화에 관한 '문화문고' 간행의 출발점으로 삼고자 하는 것이다.

대체로 문고는 연구서에 비하면 2차적 작품이므로, 해석과 주석 등을 본문에 녹여서 중등학생 수준의 독자가 읽어서 이해되도록 하려고 한다. 그러나 특수한 분야나 전문적인 것도 필요한 것이다. 또한 시대에 부응하여 편리하며 염가로 읽힐 수 있는 '전자출판'도 겸행할 예정이다.

구미歐美의 유명한 문고본이 끼친 세계 문화적 영향이나, 이웃 일본의 교양과 지식이 이와나미문고岩波文庫에서 나왔다는 사실을 기억해야겠다. 우리나라의 문고본은 그간 부침浮沈이 있었으나, 여러분의 서가에도 상당수 있듯이 그 공헌은 인정하지 않을 수 없다.

앞으로 우리는 동양고전의 번역 및 교육사업과 함께 통섭적統攝的 방법으로, 국가경쟁력을 키우고 문예부흥을 개막하는 계획의 꿈도 이루기 위하여 지혜를 모아 헌신할 것을 다짐하며, 이에 각계의 관심과 지원을 기대한다.

전통문화연구회 회장 이계황

《십구사략十九史略》 해제

1. 개요

《십구사략十九史略》은 송말원초宋末元初의 학자 증선지曾先之가 지은 사서史書 《십팔사략十八史略》에 명明나라의 여진余進이 원사元史를 덧붙여 완성한 책이다. 원래 《십팔사략》은 중국의 정사正史 17종과 송宋나라의 역사, 기타 야사野史 등을 인용하여 태고太古부터 송나라까지의 역사를 요약한 것이다. 이 책은 풍속의 교화를 목표로 하는 유학儒學 사상의 교훈적 성격을 지니고 있었으므로, 어린 아이를 가르치기 위한 몽학서蒙學書의 사史 분야를 담당하며 널리 읽혔다.

15세기 중반 명나라에서 간행된 《십팔사략》과 《십구사략》 두 종은 조선과 일본에 유입되어 각자의 기호에 따라 사용되었다. 조선에서는 시간이 흐르며 《십구사략》으로 전용專用되었는데, 바로 주자학朱子學을 숭상하여 유학적 정통正統을 계승하고자 한 조선 사대부士大夫들의 인식과 관련이 깊다. 이는 명나라가 멸망한 뒤 기존 《십구사략》에 명사明史를 덧붙여 송 – 원 – 명의 계보를 잇는 또 다른 《십구사략》을 완성한 것에서도 증명된다. 《십구사략》은 유학이 쇠퇴하면서 수요가 점차 줄었다가, 근래 고전古典과 역사에 대한 관심이 증대됨에 따라 중국사를 개괄하는 대중서로서 다시 주목을 받고 있다.

2. 저자

《십팔사략》의 저자는 증선지曾先之로 여릉廬陵 사람이며, 자字는 종야從野이다. 스스로를 '전진사前進士'라고 칭하였는데, 이전 왕조(송宋)의 진사進士라는 뜻으로 새로운 왕조(원元)를 섬기지 않고 멸망한 조국에 의리를 지키고자 했던 것이다. 그가 경정景定 5년(1264) 예부시禮部試에 낙제하여 진사進士가 되지 못하고 공사貢士에 머물렀다는 설과 함순咸淳 1년(1265) 진사進士에 올랐다는 설 등 이력에 관련된 몇 가지 이견이 있으나, 그의 생애에 대해 공신할 만한 기록은 전하지 않는다.

증선지의 사적事跡이 남아 있지 않은 이유는 당시 시대적 분위기를 보아도 짐작할 수 있다. 오랑캐라 여겼던 원나라의 지배를 받은 남송의 사대부들은 원나라 조정에서 벼슬하는 것을 수치로 여겼고, 차라리 은거하여 후사後嗣를 기르며 송나라의 전통을 지키고자 하였기 때문이다. 증선지도 강남江南의 처사處士 가운데 하나로 이러한 분위기 속에서 은거하며 《십팔사략》 저술에 힘을 쏟았으므로 당대의 사적에 남지 못했던 것으로 보인다. 증선지 사후 《십팔사략》은 원元·명明나라를 거쳐 여러 학자들에 의해 수정·증보되었으며, 조선과 일본에까지 전파되어 큰 영향을 주었다.

3. 서지사항

《십팔사략》의 저작 연대를 정확하게 파악할 수는 없으나, 증선지의 생몰년을 기준해보면 원나라 초기인 13세기 초로 추정된다. 《십팔사략》이 처음 판각된 것은 지정至正 2년(1342) 사명군四明郡의 어느 학교에서였다. 그러나 당시에는 주목을 받지 못하다가 명明나라 학자 진은陳殷에 의해 홍무洪武 5년(1372) 처음으로 《십팔사략》에 음석音釋(독음과 주석)이 더해졌다. 진은이 지은 〈사략서史略敍〉에 의하면, 증선지는 중국의 정사 18종 가운데 풍교風教에 관련된 내용을 뽑아 작성하였다고 하며, 이에 자신은 당시 학자들이 한자漢字를 판독하거나 해석하는 방법이 잘못되었다고 생각하여 《십팔사략》에 음석을 더한다고 하였다. 증선지가 처음 《십팔사략》을 편찬할 당시에 인용한 서목을 기록해놓지 않았으므로, 〈사략서〉에 의거하여 서목을 나열해보면 다음과 같다.

《사기史記》, 《한서漢書》, 《후한서後漢書》, 《삼국지三國志》, 《진서晉書》, 《송서宋書》, 《남제서南齊書》, 《양서梁書》, 《진서陳書》, 《위서魏書》, 《북제서北齊書》, 《주서周書》, 《수서隋書》, 《남사南史》, 《북사北史》, 《당서唐書》, 《오대사五代史》, 《송감宋鑑》 등 제서諸書

증선지의 생전에는 송나라가 멸망한 지 얼마 지나지 않아 《송사宋史》가 완성되지 않았으므로, 송나라에 해당하는 역사는 《송감宋鑑》 등 관련 서적을 참고한 것으로 보인다. 그러나 실제《십팔사략》에는 18종 사서史書 외에도 각종 야사野史에서 채록된 내용이 포함되어 있는데, 이를 보면 증선지가 고식적古式的인 정사의 내용에만 국한된 것이 아니라 대중서를 지향한 쉬운 역사를 작성하고자 했던 것임을 알 수 있다.

이후 왕봉王逢이 영락永樂 15년(1417)《십팔사략》에 대한 점교點校(점검과 교정)를 실시하고, 유섬劉剡이 수정을 가하였으며, 정통正統 2년(1436) 하경춘何景春이 건양현建陽縣의 승丞으로 재직하던 중 출판업자를 통해 책을 간행하였는데 이것이 바로《입재선생표제해주음석십팔사략立齋先生標題解註音釋十八史略》이다. 이것이 바로《십팔사략》의 통행본이 되었고, 이후 왕봉의 문인인 여진余進이 정통 11년(1446)에《고금역대표제주석십구사략통고古今歷代標題註釋十九史略通攷(이하 '십구사략'으로 약칭)》를 완성하였다. '통고通攷'라는 표현 그대로 여진은《십구사략》의 사료들을 두루 교정·주석하여 총 8권 7책으로 편성하였다.

4. 세부내용 및 유통

《십구사략》은 천황씨天皇氏로 시작하는 태고太古 시기부터 삼황오제三皇五帝를 지나 원元나라 마지막 황제인 혜종惠宗까지를 기록하고 있다. 통행본《십구사략》의 목차를 살펴보면 권1〈태고太古, 삼황三皇, 오제五帝, 하夏, 은殷, 주周, 춘추시대春秋時代〉, 권2〈진秦, 서한西漢〉, 권3〈동한東漢, 삼국三國, 서진西晉〉, 권4〈동진東

晉, 남북조南北朝, 수隋〉, 권5 〈당唐〉, 권6 〈오대五代, 송宋〉, 권7 〈남송南宋〉, 권8 〈원元〉 등 총 20개의 편으로 구성되어 있다.

《십구사략》은 요점을 중심으로 중국사를 단기간에 읽을 수 있다는 것이 큰 장점으로 여겨졌다. 그러나 정사가 한족漢族의 역사를 중심으로 기록된 탓에 중국 본토 외 세력에 대한 역사 기술, 대표적으로 북조北朝에 관련된 기사가 남조南朝에 비해 소략한 등의 한계를 지닌다. 이는 당초 정사 기록의 주체를 한족으로 설정한 것이 큰 이유이지만, 실제로는 증선지가 《십팔사략》을 편찬할 당시 전문적인 역사서의 성격을 취하지 않고 초학자를 위한 교육서로 만들었기 때문이다.

또 주목할 점은 《십구사략》 권3에서 삼국시대를 가리키는 목차가 '삼국三國 : 부위오附魏吳('촉한蜀漢'으로 된 판본도 있음)'로 설정되어 있는 것이다. 이는 본래 증선지가 편명을 '삼국三國 : 위촉오魏蜀吳'로 설정하고, 《삼국지三國志》를 지은 진수陳壽의 사관을 이어받아 조조曹操의 위魏나라를 정통으로 여긴 것과 상반된다. 그러나 송대宋代 유학에서 등장하여 주자朱子의 《자치통감강목資治通鑑綱目》으로 드러난 정통론正統論은 한漢나라의 정통을 계승한 나라를 유비劉備의 촉蜀나라로 보았다. 이러한 역사 인식을 《십팔사략》 수정의 마지막을 담당했던 유섬劉剡이 반영하여 바꾸어놓은 것이다. 이는 단순한 편명의 대체가 아니라 편집자의 의도가 반영된 사안으로서, 훗날 조선에서 송 – 원 – 명으로 이어지는 정통론을 수립하기에 적합한 《십구사략》이 유행하게 된 계기가 되었다.

한편 명나라와 긴밀한 관계를 유지하고 있던 조선에는 《십팔사략》과 《십구사략》이 이른 시기에 유입되었다. 《조선왕조실록朝鮮王朝實錄》 태종太宗 3년(1403) 기사에 처음으로 《십팔사략》이 등장하며, 《십구사략》은 성종成宗 23년(1492) 기사에 보인다. 그러나 두 종이 비슷한 시기에 유입되었고, 여러 기록에서 두 종을 모두 '사략史略' 또는 '사史'라고만 칭하는 경우도 종종 발견되어 어느 시점을 기준으로 조선에서 《십팔사략》이 《십구사략》으로 대체되었는지는 정확히 알 수 없다. 다만 조선 초에 간행된 《역대십팔사략歷代十八史略》(전10책)이 현재 일본에 소장되어 있고 이 밖에 우리나라에서 '십팔사략'으로 된 서명의 고서가 발견되지 않는 것을 보면, 《십팔사략》은 양란兩亂을 전후하여 대부분 유실되거나 반출되었고 이후 더 포괄적인 내용을 담은 《십구사략》으로 대체된 것으로 보인다.

조선에서 주로 《십구사략》이 유통된 이유는 앞서 언급했던 것처럼 명나라를 정통으로 하는 중화中華 의식에서 비롯하였다. 유학을 존숭하였던 조선에서는 촉한蜀漢을 정통으로 여긴 주자朱子의 사상을 계승하였고, 오랑캐로 여기던 청淸나라에 의해 명나라가 멸망하자 명사明史를 추가로 넣어 간행하는 등 유가적 정통성을 강조한 역사관을 지향하였다. 이윤석의 선행 연구에 의하면 조선에 세 개의 《십구사략》 판본이 유행하였는데, 그중 대표적인 통행본이 바로 정조正祖 시기 정창순鄭昌順이 기존 《십구사략》에

'명사明史'를 붙여 총 20종의 정사로 완성한 것이었다. 유교적 사유와 정통론에 입각한 역사의식이 창출해낸 새로운 《십구사략》의 보급이었다.

그 밖의 《십구사략》의 대대적인 유통은, 19세기 중반 상업출판물로서의 방각본坊刻本 《십구사략》이 등장하면서부터 시작되었다. 주목할 점은 이때 제작·유통된 것이 대체로 《십구사략》 완질이 아니라 1책(권1~2, 3) 또는 권1에 그친다는 것이었다. 이에 대하여 이윤석의 선행 연구에서는 몽학 교재로 사용되는 특징상 완질이 필요하지 않으며, 1책의 내용이 유가儒家에서 중시하는 시기(태고太古~삼국시대)를 충분히 다루고 있기 때문인 것으로 분석하였다. 《사략언해史略諺解》가 권1~3까지만 간행·유포된 이유도 이 사실을 증빙한다고 할 수 있다.

한편 중국에서는 증선지가 기록을 선별하고 편차한 기준이 분명하지 못하고, 전문 사서로서의 성격이 부족하다는 등의 이유로 조선과 일본에 비해 널리 유행하지 못하였다. 일본에는 아시카가 막부〔足利幕府〕가 집권하던 말기(16세기 중반)에 《십팔사략》이 조선을 거쳐 유입되었으며, 각 번藩의 번교藩校에서 각지의 향숙鄕塾에 이르기까지 초학자의 입문 필독서가 되어 크게 유행하였다. 그러나 조선과 달리 명사明史를 포함한 형태로까지는 발전하지 않았는데, 이는 주자학에 심취하지 않았던 당대 일본의 사상이 작용했던 것으로 보인다. 메이지〔明治〕 시대부터 한문 교육용으로 사용되었으나 점차 동양사를 다룬 책이 다수 등장하면서

도태되었다가, 근래에 다시 일본의 대표 교양서 중 하나로 여겨지고 있다.

5. 문고본 《십구사략十九史略》

살펴본 것처럼 조선에서는 어린 아이에게 중국사를 가르치기 위한 기초 교재로서 《십구사략》이 유행하였다. 그러나 이와 반대로 현재 대중의 인식에는 '십구사략'이 생소하고 '십팔사략'이 익숙한데, 그 이유는 일본의 영향이 크다고 할 수 있다. 조선이 일제에 의해 멸망한 뒤로 차츰 서당이 사라지고 유학이 쇠퇴하면서 《십구사략》의 소비가 점차 줄어들었기 때문이다. 근래 고전과 역사에 대한 관심이 고조되면서 사史 분야를 담당하는 서목으로 주목을 받았으나, 한자문화권의 공통된 사료로서 재등장한 것은 일본에 의해 역수입된 《십팔사략》이었다.

이에 본서는 서명을 《십구사략》으로 설정하여 조선시대 학자들이 지향하였던 역사의식을 반영하고자 하였다. 현재 시중에 유통되고 있는 번역서는 모두 《십팔사략》을 다루고 있어 그 시기 또한 남송南宋에 그치므로, 우리나라에서 읽었던 것과는 차이가 있다. 게다가 조선 후기 이후로 기존 《십구사략》에 명나라의 역사를 덧붙인 조선만의 독특한 판본이 유행하였던 것을 보아도 우리가 주목해야 할 서종은 《십구사략》이라야 할 것이다. 본서는 일반 대중의 교양 증진을 위한 작업의 일환으로 《십구사략》을 저본으로 하여 본문만을 번역하였으나, 내용상 난해한 부분에서는 해당 주석을 번역에 반영하기 위해 노력하였다. 《십구사략》 일독을 통해 중국사의 전반을 개괄함으로써, 역사서의 원전原典을 이해하는 기틀을 마련할 수 있을 것으로 기대한다.

○ 참고문헌

〈판 본〉

- 《고금역대표제주석십구사략통고古今歷代標題註釋十九史略通攷》, 국립중앙도서관 소장(한貴古朝50-118).
- 《고금역대표제주석십구사략통고古今歷代標題註釋十九史略通攷》, 1819, 국립중앙도서관 소장(한古朝50-13).
- 《고금역대표제주석십구사략통고古今歷代標題註釋十九史略通攷》, 1832, 국립중앙도서관 소장(古221-3).
- 《입재선생표제해주십팔사략立齋先生標題解註十八史略》, 명明 영종英宗 정통正統 6년(1441), 일본 국회도서관 소장.

〈번역서〉

- 장기근, 《신완역 십팔사략》(전2권), 명문당, 2006.
- 임동석, 《십팔사략》(전7권), 동서문화사, 2009.
- 중야안重野安, 《십팔사략》, 《한문대계漢文大系》 5~6, 부산방富山房, 1984.
- 임수일林秀一, 《십팔사략》, 《신석한문대계新釋漢文大系》 20~21, 명치서원明治書院, 1996.

〈논 문〉

- 김윤수, 〈《십구사략》의 원류源流와 한국적韓國的 전개展開(상上)〉, 《서지학보》 6, 한국서지학회, 1991.
- ______, 〈《십구사략》의 원류源流와 한국적韓國的 전개展開(하下)〉, 《서지학보》 7, 한국서지학회, 1992.
- 이윤석, 〈방각본 《십구사략》 간행의 양상과 의미 – 1권을 중심으로〉, 《동방학지東方學志》 168, 연세대학교 국학연구원, 2014.
- 장인진, 〈경상감영판 《십구사략통고十九史略通攷》의 문헌적 연구〉, 《대동한문학회지》 45, 대동한문학회, 2015.

일러두기

1. 본서는 동서양東西洋의 중요한 고전古典, 인물人物, 문화文化에 관한 모든 국민의 교양도서로, 미래 한국의 양식良識 기반을 구축하기 위한 문화문고文化文庫이다.
2. 본서는 조선朝鮮 순조純祖 19년에 판각한 《고금역대표제주석십구사략통고古今歷代標題註釋十九史略通攷》(1819, 국립중앙도서관 소장본, 한古朝50-13)를 저본으로 하였으며, 난해한 용어나 개념을 쉽게 풀어써서 내용의 이해를 원활하게 하였다.
3. 이해가 어려운 부분은 의역意譯 또는 보충역補充譯을 하고 주요한 내용은 주석註釋을 첨가하였다.
4. 관련 도판圖版 자료를 함께 수록하여 내용의 이해를 도왔다.
5. 전문용어, 고유명사, 명구名句, 격언格言, 고사성어故事成語 등은 독자의 이해를 돕기 위하여 한자漢字를 병기하였다.
6. 본서에 사용된 주요 부호符號는 다음과 같다.

    “ ” : 대화, 인용

    ‘ ’ : 재인용, 강조

    ( ) : 간단한 주석註釋

    《 》 : 서명書名

〈 〉: 편장명篇章名, 작품명作品名 보충역補充譯

〔 〕: 관용구慣用句, 보충 원문原文

목 차

간행사

《십구사략十九史略》 해제

일러두기

1. 진秦나라 / 19

1) 진 시황제秦始皇帝 / 19

2) 2세 황제二世皇帝 / 34

2. 서한西漢 / 44

1) 태조 고황제太祖高皇帝 / 44

2) 효혜황제孝惠皇帝 / 92

3) 효문황제孝文皇帝 / 96

4) 효경황제孝景皇帝 / 107

5) 효무황제孝武皇帝 / 112

6) 효소황제孝昭皇帝 / 136

7) 효선황제孝宣皇帝 / 144

8) 효원황제孝元皇帝 / 165

9) 효성황제孝成皇帝 / 172

10) 효애황제孝哀皇帝 / 179
11) 효평황제孝平皇帝 / 180
12) 유자 영孺子嬰 / 181

〔부 록〕

1. 《십구사략》 총목차 / 190
2. 《십구사략》 권2 도판목록 / 191
3. 《제왕도통만년도帝王道統萬年圖》 / 194
4. 《역대제왕진상歷代帝王眞像》 / 195

십구사략 권2

1. 진秦나라

1) 진 시황제秦始皇帝

진 시황제秦始皇帝는 이름이 정政이니 원래 감단邯鄲에서 태어났다. 소양왕昭襄王 시기에 효문왕孝文王 주柱가 태자가 되었을 때 초楚라는 서자庶子가 있었는데, 조趙나라에 인질로 가서 여러 가지로 어려움을 겪고 있었다. 양적陽翟의 대상大商인 여불위呂不韋가 마침 조나라에 갔다가 초를 보고서는 "이 사람이야말로 진기한 재화〔奇貨〕라 할 만하다. 내 사람으로 만들어두면 뒷날 큰 이익을 보겠다." 하고는 재물을 써서 친교를 맺었다. 그리고 진나라로 가서 태자비太子妃 화양부인華陽夫人의 누이를 통하여 태자비를 설득하고, 초를 세워 후사로 삼게 하였다. 이후 여불위는 감단邯鄲 출신의 미녀를 아내로 맞았다가 그녀가 임신을 하자 초에게 바쳤는데, 그녀가 정政을 낳으니 사실은 여씨呂氏인 것이다.

효문왕이 즉위한 지 3일 만에 홍서薨逝하고 초가 즉위하니 이가 바로 장양왕莊襄王이다. 장양왕이 4년 만에 홍서하니 이때 정의 나이 13세였다. 마침내 즉위하여 왕이 되니 그 어머니는 태후

진 시황秦始皇

의 신분이 되었다. 여불위는 장양왕 때부터 이미 진나라의 재상이 되어 있다가 이때에 와서 문신후文信侯에 봉해졌는데, 태후가 다시 여불위와 사통私通을 하였다. 왕이 장성한 뒤 여불위는 일이 발각되어 자살하고 태후는 폐위되어 별궁에서 거처를 하였는데, 모초茅焦가 간언하여 모자 관계가 다시 처음과 같이 되었다.

진나라의 종실宗室과 대신大臣들이 주장하기를 "제후국 출신으

여불위呂不韋

로 진나라에 들어와 벼슬하고 있는 자들은 모두가 각각 저들의 군주를 위해서 유세하고 있을 뿐입니다. 그들을 일체 추방해버리도록 하소서." 하니, 이에 진나라에서는 대대적으로 이들을 찾아내어 추방하였다. 그러자 객경客卿으로 있던 이사李斯가 다음과 같은 상소를 올렸다.

"옛날 목공穆公께서는 서융西戎에서 유여由余를 얻어오고, 완宛에서 백리해百里亥를 찾아내며, 송宋에서 건숙蹇叔을 맞이해오고,

진晉에서 비표丕豹·공손지公孫支를 구해다가 20여 국을 합병하여 마침내 서융들 사이에서 패업霸業을 이룰 수가 있었습니다. 효공孝公께서는 상앙商鞅의 법령을 사용하여 제후들이 진나라에 직접 복종하게 하니 오늘날까지 진나라가 잘 다스려지고 부강하게 되었습니다. 혜왕惠王께서는 장의張儀의 계책을 써서 6국의 합종 전략을 깨뜨리고 그들에게 진나라를 섬기도록 하셨습니다. 소왕昭王께서는 범저范雎를 얻어서 진나라 왕실을 강건하게 만들어놓으셨습니다. 위에 말한 네 군주의 경우는 모두 빈객들의 공로로 업적을 이룩한 것이니, 빈객들이 어찌 진나라에 등을 돌릴 수가 있겠습니까.

태산泰山은 한 줌의 흙덩어리도 마다하지 않고 받아들였기에 클 수가 있는 것이고, 황하黃河나 바다와 같은 큰물은 조그마한 시냇물까지도 빼놓지 않고 용납하였기에 깊을 수가 있는 것입니다. 그런데 이제 대왕께서는 백성들을 버리시어 적국에 도움이 되게 하시고, 나아가서는 빈객들을 물리침으로써 제후들만 자라나게 해주고 계십니다. 이른바 적도들에게 무기를 빌려주고 도둑들에게 양식을 보내준다는 것과 같다고 할 것입니다."

이에 왕이 이사를 불러 그의 벼슬을 회복시키고 축객령逐客令도 취소를 하였다.

이사는 초나라 사람으로 일찍이 순경荀卿에게 글을 배웠는데, 진나라가 마침내 그의 계책을 써서 천하를 통일하였다. 이때 한비韓非라는 인물이 형명학刑名學에 정통하였는데, 일찍이 그가 한나라를 위해 진나라에 사신으로 왔다가 진왕에게 글을 올려 어떤 계책을 피력해서 한나라를 멸하는 데 큰 역할을 했으므로 진왕이 그를 신임하고 있었다. 이에 이사가 한비를 질투하여 참소하자 진왕이 마침내 한비를 옥에 가두었는데, 이사가 한비에게 독약을 보내 스스로 목숨을 끊게 하였다.

진 시황 17년(B.C. 230)에 내사內史 승勝이 한韓나라를 멸하고, 19년(B.C. 228)에 왕전王翦이 조趙나라를 멸하고, 22년(B.C. 225)에 왕분王賁이 위魏나라를 멸하고, 24년(B.C. 223)에 왕전이 초楚나라를 멸하고, 25년(B.C. 222)에 왕분이 연燕나라를 멸하고, 26년(B.C. 221)에 왕분이 제齊나라를 멸하였다.

진 시황이 처음으로 천하를 통일하고 나서 스스로 생각하기를 "나의 덕은 삼황三皇을 겸하고, 공은 오제五帝보다도 낫다." 하여, 칭호를 '황제皇帝'로 고쳤다. 그리고 '명命'을 '제制'로, '령令'을 '조詔'로 하고, 스스로를 부르는 호칭을 '짐朕'이라 하였으며, 진나라의 덕을 수덕水德으로 정하고 10월로 일 년을 시작하는 첫 달을 삼았다. 그리고 안팎에 포고하기를 "임금이 죽은 뒤에 그의 행실로 시호를 정하는 것은, 아들이 아비를 평가하고 신하가 임금을 평가하는 일이니 무엄하기 이를 데가 없다. 이로부터는 시법謚法을 없애고 짐을 시황제로 하여 후세에는 대수代數를 가지고 2세,

3세라 하면서 만세에 이르기까지 무궁토록 전하라." 하였다.

천하의 병기兵器를 거두어 함양咸陽에 모아놓고 이를 녹여 종거鐘鐻(종을 거는 틀)와 금인金人(쇠로 만든 인형) 12개를 만드니 무게가 각각 1천 석이었다.

천하의 호부豪富 12만 가호家戶를 함양으로 이주시켰다.

승상 왕관王綰 등이 아뢰기를 "연燕 · 제齊 · 초楚 세 지방은 거리가 멀어서 이곳에 왕을 두지 않으면 진무鎭撫하기가 어렵습니다. 청컨대 자제들을 보내어 각각 왕으로 봉하십시오." 하니, 시황이 이 안건을 공경에게 내려보내 의논하게 하였다.

정위廷尉 이사가 아뢰기를 "옛날 주 무왕周武王이 내보낸 제후들 가운데에는 왕실 자제와 동성同姓 혈족들이 많이 있었습니다. 그러나 후손들의 사이가 점차 멀어지면서 서로 공격하며 싸우기를 마치 원수와 같이 하게 되었습니다. 이제 천하는 폐하의 신령하심에 힘입어 하나로 통일되어 모두가 군현제를 실시하고 있습니다. 따라서 왕실의 자제와 공신들에게 공적으로 거두어들이는 부세로 은사恩賜를 내려주시면 봉록도 매우 풍족하고 군현을 제어하기도 쉬울 것입니다. 그리하여 천하에 두 마음을 품는 자가 없게 된다면 이것이 바로 국가를 편안하게 하는 방도일 것이니, 제후를 내보낸다는 것은 아니 될 말씀입니다." 하였다.

시황이 말하기를 "이제 천하가 가까스로 평정이 된 상태인데, 또다시 제후국을 만든다면 이는 병기를 세워놓고 나라가 편안하기를 바라는 것과 같으니 어찌 어려운 일이 아니겠는가. 정위의 말이 옳다." 하고는, 천하를 36군으로 나누고 여기에 군수郡守·승위丞尉·어사御史를 두었다.

진 시황 28년(B.C. 219), 시황이 동쪽으로 군현들을 순행巡行하면서 추역산鄒嶧山에 올라 비석을 세워 자신의 공업을 기리고, 태산泰山에 올라 비석을 세우고 봉토를 쌓아 제사를 지냈다. 일을 마치고 산에서 내려오니 비바람이 세차게 일어 나무 밑에서 잠시 쉬었는데 이후 그 소나무를 봉하여 오대부五大夫로 삼았다. 계속하여 양부산梁父山에 가서 산천에 제사한 다음 마침내 동해 위에 배를 띄워 유람하였다. 이때 술사인 제齊 사람 서불徐市 등이 글을 올려 아뢰기를 "청컨대 어린 남녀 아이들을 데리고 바다에 들어가 봉래蓬萊, 방장方丈, 영주瀛洲 등 삼신산三神山에 사는 선인仙人들을 만나보고 또 불사약不死藥을 구해오고자 합니다." 하였다. 시황은 이 말에 따라 서불 등을 보내어 바다로 가게 하였다.

시황이 강에 배를 띄워 상산湘山을 바라보는 데까지 이르자, 여기서도 큰 바람이 일어 거의 배가 건너갈 수가 없을 지경이었다. 시황이 박사博士에게 묻기를 "상군湘君이 대체 어떤 신인가?" 하니, 박사가 대답하기를 "요堯의 딸이자 순舜의 비인 두 여인의 화신이옵니다." 하였다. 이에 시황이 크게 노하여 그 산의 나무들

아황娥皇과 여영女英

을 모조리 베어 민둥산을 만들어 버린 다음 마침내 남군南郡을 거쳐 함양으로 돌아갔다.

한韓나라 사람 장량張良은 한나라에서 5대에 걸쳐 재상을 역임한 명문가 출신으로, 한나라가 망하자 원수를 갚고자 하였다. 시황이 동쪽으로 순행하여 박랑사博浪沙에 갔을 적에 장량이 역사力

장량張良

士에게 철퇴를 던져 시황을 격살케 하였다가 철퇴가 빗나가 부거副車에 적중하니, 시황이 놀라 범인을 찾았으나 끝내 잡지 못하였다. 천하에 영을 내려 대대적으로 수색하게 하였다.

31년(B.C. 216), 납제臘祭의 이름을 고쳐 가평嘉平이라 하였다.

32년(B.C. 215), 시황이 북쪽 변방을 순행할 적에 술사인 노생

盧生이 바다 가운데 있는 섬에 들어갔다가 돌아와서 참위서讖偉書 한 책을 바쳤는데, 거기에 '진나라를 망하게 할 자는 호胡이다.'라는 구절이 있었다. 시황은 이에 몽념蒙恬을 파견하고 군사 30만 명을 동원하여 북쪽으로 흉노匈奴를 정벌하고 장성을 쌓게 하였는데, 임조臨洮에서 요동遼東까지 그 길이가 1만여 리나 되었다. 진나라의 위엄이 흉노에까지 떨치게 되었다.

34년(B.C. 213), 승상 이사가 글을 올렸다.

"지난날 제후들이 난립하여 싸울 때에는 각국에서 온 지식인들을 널리 초빙하였으나, 이제 천하가 이미 평정되어 법령이 폐하 한 분에게서만 나오고 있습니다. 그러니 백성들은 집에 있게 되면 모두 농공農工에 힘을 써야 하며, 관리들은 법령을 학습하면 그만인 것입니다. 그런데 지금 여러 유생儒生들은 현재 우리나라의 일을 표준으로 삼지 않고 과거의 사실만을 배워서 그것으로 당세의 일을 비판하면서 백성들을 미혹하고 있습니다. 그리하여 법령이 한번 떨어졌다는 소식을 들으면 그들은 각각 자기들이 배운 지식을 가지고 이것을 논란하면서, 조정에 들어가서는 마음속으로 비난하고 밖으로 나와서는 길거리에 모여 의논하여, 자기들의 아랫사람을 모아놓고 여러 가지로 비방을 하고 있습니다.

신은 청컨대 사관들이 취급하는 서책은 진나라의 기록이 아닌 것은 모두 태워버리게 하시고, 박사관博士官의 직분으로 보관하고 있는 것 말고 천하에 《시경詩經》·《서경書經》 내지 제자백가의 언설들을 가지고 있는 자가 있으면 모두 군수와 승위에게 가지고 가서 마구 태워버리게 하소서. 그리고 끼리끼리 모여 《시경》·《서경》에 관한 이야기를 하는 자가 있거든 이들을 주벌하여 시장에 내버리시고, 옛것을 표준으로 현재 상황을 비난하는 자가 있으면 이들을 멸족시키십시오. 이 중 없애지 말아야 할 것은 의약과 복서卜筮, 종수種樹에 관한 것들입니다. 만약 법령을 배우고자 한다면 그들은 관료들의 업무를 가지고 표준을 삼게 하소서." 시황이 조칙하기를 "좋다." 하였다.

35년(B.C. 212), 후생侯生과 노생盧生이 함께 시황의 정치를 비방하다가 이내 다른 곳으로 가버렸다. 시황이 크게 노하여 "그들은 내가 여러 가지로 존중하여 매우 후하게 대접해준 자들인데 이제 와서 나의 정치를 비방하였다. 내가 또 사람을 시켜 함양에 있는 유생들을 염탐해보니 그들 가운데에는 더러 요망스런 언설을 하면서 백성들을 미혹하는 경우가 있다고 한다." 하였다. 이에 어사를 파견하여 그들을 남김없이 조사하고 신문케 하니, 여러 유생들이 서로 번갈아가며 끌어대서 스스로 죄를 벗어나려 하다가 법금法禁을 어기게 된 자가 460여 명이었다. 시황은 이들을 모두 함양에 생매장해버렸다.

시황의 큰아들 부소扶蘇가 간하기를 "여러 유생들은 모두가 공자孔子의 언설을 외고 또 그것을 모범으로 알고 있는데 이제 상上께서 이들을 모두 중법重法으로 다스리고 계시니, 신은 이

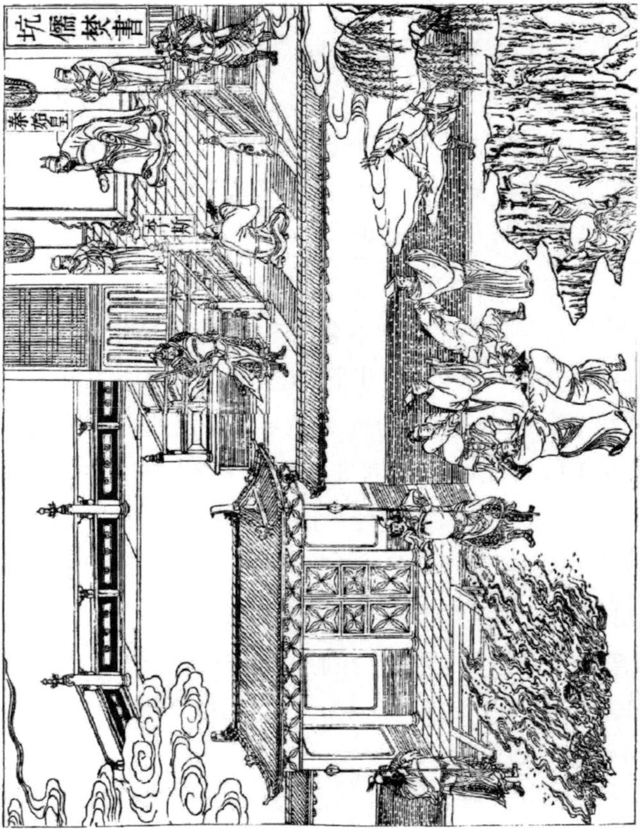

책을 불태우고 유생을 매장하다

때문에 천하가 편안하지 않을까 걱정입니다." 하였다. 시황은 노하여 부소를 북쪽 상군上郡으로 보내 몽념蒙恬의 군사를 감독하게 하였다.

시황은 함양에 인구가 많아졌는데 선왕 때부터 있어 온 궁전의 규모는 너무 작다고 생각하여, 위수渭水 남쪽 상림원上林苑에 조궁朝宮[1]을 세울 계획을 하였다. 이에 우선 아방阿房이란 곳에다 전전前殿(정전正殿)을 지었는데 그 규모가 동서로 5백 보步이고 남북으로 50장丈이며, 위에는 1만 명이 앉을 만하고 아래에는 5장의 깃발을 세울 만하였다. 그 주변에는 돌아 달리듯이 각도閣道[2]를 설치하고, 전전 밑에서 곧장 남산南山으로 이어지게 설계를 하였으며, 남산 꼭대기에는 눈에 잘 띄도록 궐문闕門을 만들어 세웠고, 또 복도複道[3]를 만들어 아방에서 위수를 건너 함양으로 연결되도록 하였다. 이러한 설계는 천극성天極星과 각도성閣道星이 은하수를 건너 영실성營室星으로 이어지는 모습을 상징한 것이었다. 아방궁阿房宮이 완공되기 전에 시황은 이 궁전이 낙성洛城되면 더 좋은 이름을 골라 바꾸어주려 하였으나, 낙성되기 전에 시황이 죽었으므로 세상 사람들은 아방궁이라 불렀다.

---

1) 조궁朝宮 : 정사를 보는 정전이다.
2) 각도閣道 : 사방 경계에 재목을 가로질러 길을 만들어놓고, 그 위로 돌거나 달릴 수 있도록 해놓은 장치이다.
3) 복도複道 : 상하 이중으로 된 회랑이니 위는 천자, 아래는 신하가 다닐 수 있도록 길게 된 구조를 말한다.

아방궁阿房宮 조영

시황은 인품이 원래 고집이 세고 뒤틀려서 제 생각대로만 하는 사람이라, 모든 일은 대소를 막론하고 모두 자신의 결재로만 처리하였다. 나중에는 저울대로 문서의 무게를 재는 상황까지 가게 되어 밤낮으로 일정한 한도의 일을 처리하느라 잠시도 쉴 틈이 없었는데, 권세를 탐닉耽溺하는 것도 이와 같은 지경에 이르렀다.

진나라에서 사자의 임무를 띠고 외국에 나갔던 사람이 돌아오는 길에 벽옥을 지니고 있는 어떤 사람을 만나게 되었다. 그가 사자에게 벽옥을 주며 말하기를 "나를 대신해서 이 옥을 호지滈池에 있는 수신水神에게 전해주시오. 다음 해에 조룡祖龍이 죽을 것이오." 하였다.

37년(B.C. 210), 시황이 궁을 나가 순행하니, 승상 이사와 막내아들 호해胡亥, 그리고 환관 조고趙高가 수종隨從을 하였다. 그런데 갑자기 시황이 사구沙丘의 평대平臺에서 숨을 거두니, 그들은 이 사실을 비밀에 부친 채 발상發喪하지 않고 거짓으로 시황의 조서를 만들어 호해를 즉위시키고 부소에게 자결하도록 하였다. 시황의 시신을 온량거轀輬車 안에 싣고서 1석石(120근)이나 되는 양의 절인 생선을 섞어 시취屍臭를 어물어물 막아놓았다가, 함양으로 돌아온 뒤에야 발상하고 호해가 즉위하니, 이가 바로 2세 황제이다.

2) 2세 황제二世皇帝

2세 황제의 이름은 호해胡亥이다. 즉위 원년에 동쪽으로 군현을 순행하던 중 조고에게 말하기를 "나는 보고 듣고자 하는 것들을 남김없이 다 해보았으면 싶소. 또 내 마음속으로 느끼는 쾌락들도 끝까지 추구하다가 일생을 마치는 것이 소원이오." 하였다. 조고가 대답하기를 "폐하께서 법제와 형벌을 엄중하고 각박하게 적용하면서 선대의 신하들을 모조리 제거하신 다음 가깝고 믿을 만한 사람들로 바꾸어 임명하신다면 베개를 높이 괴고 편하게 지낼 수가 있으실 것입니다." 하였다. 2세는 이 말이 그럴듯하다고 생각하여 법률을 새로 고치고 더욱 각박하게 적용하는 데 힘쓰니, 공자公子와 대신들 가운데에는 이 때문에 죽은 사람이 많았다.

양성陽城 사람 진승陳勝은 자字가 섭涉이다. 젊어서 사람들과 함께 남의 집 품팔이를 하며 김을 매다가, 잠깐 일손을 놓고 밭가의 언덕으로 가더니 한숨을 푹 쉬면서 이윽고 말했다. "우리가 만약 부귀한 신분이 된다 해도 서로 간에 모르는 척 하지는 맙시다." 그러자 함께 김을 매던 일꾼들이 비웃으며 대꾸했다. "그대가 품삯을 받고 김을 매고 있는 주제에 어떻게 부귀해질 수 있겠소!" 진승은 크게 한숨을 쉬며 말했다. "아, 제비와 참새 같은 무리가 어찌 큰 기러기와 고니의 뜻을 알겠는가."

이때에 이르러 진승은 오광吳廣과 함께 기蘄에서 군사를 일으켰다. 당시 진나라는 여좌閭左의 빈민을 징발하여[4] 어양漁陽 지역에서 수자리 살게 하였는데, 진승과 오광이 그 지역의 둔장屯長을 맡고 있었다. 그런데 마침 큰비가 내려 길이 막혀 역도役徒들이 도착하기로 기약한 일정에 맞추지 못하게 되었다. 이에 진승이 역도들을 불러놓고 말하기를 "여러분이 도착하기로 한 기약을 어기게 되었으니, 진나라의 법대로 한다면 마땅히 참형을 받아야 할 판입니다. 대장부가 몸을 던져 죽을 각오를 하지 않는다면 모르거니와, 이왕 죽을 결심을 하고 있는 이상에야 큰 이름을 한번 날려 봐야 하지 않겠습니까. 왕후장상王侯將相이란 것이 어찌 본래부터 종자種子가 있는 것이겠습니까." 하니, 두리들이 모두 동조하였다.

이에 두 사람은 각각 진나라 공자 부소扶蘇와 초나라 대장 항연項燕이라고 사칭을 하면서 세력을 대초大楚라고 명명하였다. 진승은 자립하여 장군이 되고 오광은 도위가 되었는데 그때 대량大梁의 장이張耳, 진여陳餘 두 사람이 군영으로 찾아와 뵙기를 청하니, 진승은 매우 흡족히 여기며 자립하여 왕이 되고 국호를 장초張楚라고 하였다. 진나라의 가혹한 법률에 시달리고 있던 여러 군현들이 다투어 그들의 수장과 관리를 죽이고 진승의 세력에 호응하였다.

---

4) 여좌閭左의 빈민을 징발하여 : 진秦나라 백성 가운데 부강한 자는 려閭의 우측, 빈약한 자는 려閭의 좌측에 살았다. 마침 요역徭役이 잦아서 부민들의 역役이 다했으므로 빈민을 사역케 했던 것이다.

알자謁者가 동쪽 지방에서 경사로 돌아와 반역이 일어났다는 보고를 하였다. 이를 듣고 2세가 노하여 그를 하옥시켰는데, 얼마 후에 또 다른 사자가 경사에 이르자 2세가 그에게 반란에 대한 것을 물었다. 사자가 대답하기를 "도적 떼들이라 해도 쥐나 개처럼 좀도둑질을 하는 무리에 불과하니 걱정하실 것이 못 됩니다." 하니 2세가 기뻐하였다.

진승이 자기와 친분이 있는 진陳 사람 무신武臣으로 장군을 삼고, 장이와 진여는 교위校尉를 삼아 조趙 지역을 선시宣示하게 하

소하蕭何

였다. 그러나 그들이 조나라로 간 뒤에 무신은 자립하여 조왕趙王이 되었다.

패沛 사람 유방劉邦이 패에서 군사를 일으켰다. 그러자 부로父老들이 다투어 그들의 수령을 죽이고 유방을 영립迎立하여 패공沛公으로 받들었다. 패읍沛邑의 서기書記인 소하蕭何와 옥리獄吏인 조참曹參이 패공을 위해 젊은이들을 수습하여 모으니 그 수가 3천 명에 달하였다.

항량項梁은 초나라 장수 항연項燕의 아들이다. 그는 일찍이 살인을 하고서 형의 아들인 항적項籍과 함께 원수를 피해 오중吳中에서 살고 있었다. 항적은 자字가 우羽인데, 젊어서 글씨를 배우다가 잘 안되자 이를 포기하고 검술을 배우게 되었다. 그러나 여전히 성과가 없자 숙부 항량이 화가 나 책망을 하니 항적이 대답하였다. "글씨란 성명을 기록할 정도로만 익히던 되는 것이요, 검술은 단지 한 사람만을 상대로 하는 것이니 이것도 배울 만한 가치가 없는 것이라 생각합니다. 저는 만인을 상대로 하는 전술을 배우고 싶습니다." 항량은 이 말을 듣고 항적에게 병법을 가르쳤다.

그 후 회계태수會稽太守 은통殷通이 군사를 일으켜 진섭과 호응해볼 생각으로 항량을 장수로 기용하였다. 그러나 항량은 항적에게 은통을 베게 하고는 그의 인수印綬를 탈취하여 마침내 오중吳

항적項籍

中의 군사를 일으켰다. 그렇게 모은 군사가 8천 명인데 항적이 비장裨將이 되니, 당시 그의 나이 24세였다.

제齊 사람 전담田儋이 자립하여 제왕齊王이 되었다.

조왕趙王 무신이 장수 한광韓廣을 보내 연燕 지역을 공략하게 하였는데, 한광이 무신을 배반하고 자립하여 연왕燕王이 되었다.

초楚나라 장수 주시周市가 위魏 지역을 평정하고 위나라 공자 구咎를 세워 위왕魏王으로 삼았다.

2년(B.C. 208), 오광이 그 부하에게 피살되었다.

진승이 그의 마부 장가莊賈에게 피살되었고, 장가는 진나라에 투항하였다.

진나라 장수 장한章邯이 위魏나라를 공격하자 제齊나라와 초楚나라가 구원하였는데, 이때 제왕齊王 전담田儋과 위왕魏王 구咎, 그리고 조趙나라 장수 주시周市가 모두 싸움에 져서 죽었다.

조왕趙王 무신이 그의 장수 이량李良에게 피살되었다. 장이와 진여가 조헐趙歇을 세워 조왕으로 삼았다.

거소居巢 사람 범증范增은 나이가 70세인데도 기발한 계책을 잘 사용하였는데, 어느 날 항량에게 가서 이렇게 말하였다.

"진승이 처음으로 반기를 들고 일어날 때 초나라의 후예를 세우지 않고 스스로 왕이 되었기 때문에 그의 세력이 오래가지 못하였던 것입니다. 이제 당신이 강동江東에서 군사를 일으키자 초나라 이곳저곳에서 봉기한 장수들이 다투어 당신에게 귀부하는 것은, 대대로 초나라에서 장수를 했던 당신이 틀림없이 초나라의 후예를 다시 세워줄 수 있을 것이라 믿기 때문입니다."

이 말을 듣고 항량이 초 회왕楚懷王의 자손인 심心을 찾아 그를 세워 초 회왕楚懷王으로 삼으니, 이는 백성들의 소망을 따른 것이었다.

조고趙高는 승상 이사李斯와 사이가 좋지 않았다. 어느 날 2세가 주연을 베풀어 즐기고 여인들이 그 앞에 늘어서 있는 때에 조고가 시중을 들고 있었는데, 한편으로 승상 이사에게 사람을 보내어 정무를 상주할 일이 있으면 지금 하는 것이 좋겠다고 하였다. 이에 이사가 뵙기를 청하니, 2세가 화를 내며 말하기를 "내가 전에 한가한 때가 많았는데 그때는 승상이 오지 않더니, 내가 이제 즐겁게 연회를 하고 있는 때에 승상이 갑자기 찾아오는구나!" 하였다. 조고가 말하기를 "승상의 장남 이유李由가 삼천三川의 수령으로 있으면서 도적들과 내통을 하고, 게다가 승상이 대궐 밖에서 거처할 때는 그 권세가 폐하보다도 크다고 합니다." 하였다. 2세가 이 말을 그럴듯하다 여겨 이사를 하옥하여 다섯 가지 혹형酷刑[5]을 골고루 받게 하고, 함양 저자에서 허리를 자르는 형벌을

---

5) 다섯 가지 혹형 : 얼굴에 자자刺字하는 묵형墨刑, 코를 베는 의형劓刑, 발꿈치를 베는 월형刖刑, 생식기를 제거하는 궁형宮刑, 사형에 처하는 대벽大辟을 이른다.

가해 죽였다.

이사가 옥을 나설 때 둘째 아들을 돌아보며 말하기를 "내가 너와 함께 다시 누런 사냥개를 데리고 상채上蔡 동문 밖으로 나가 토끼 사냥을 해보고 싶었건만, 그것이 될 법이나 할 일이겠느냐." 하더니, 결국 부자가 통곡을 하였다. 이사의 삼족三族이 주륙을 당하였다.

중승상中丞相 조고趙高가 진나라의 권력을 독점하고자 했으나 여러 신하들이 용납하지 않을까 두려웠다. 이에 조고는 먼저 신하들을 시험해볼 요량으로 사슴을 가져다가 2세에게 바치면서 말하기를 "이 물건은 말이옵니다." 하였다. 2세가 웃으면서 "승상이 잘못 알고 있구려. 사슴을 가지고 말이라 하다니." 하고는 좌우의 신하들에게 물어보았다. 그랬더니 어떤 자는 가만히 있고 어떤 자는 사슴이라고 말하는 것이었다. 그 일이 있고 나서 조고가 지난번에 사슴이라고 말했던 사람들을 몰래 중상中傷하여 형벌에 걸려들게 하니, 그 후로 신하들이 모두 조고를 두려워해서 감히 그의 잘못을 지적하는 자가 없었다.

항량이 진나라 장수 장한章邯과 전쟁을 하다가 싸움에 져서 죽었다. 앞서 송의宋義는 그가 틀림없이 패배할 것이라고 말하였는데 항량이 과연 패배하였다. 진나라가 조나라를 공격하니 초 회왕楚懷王은 송의를 상장上將으로 삼고 항우를 차장次將으로 삼아 조나라를 구원하게 하였다. 그런데 송의가 교만을 부리므로 항우가 그를 베고 병사를 거느리고서 거록성鉅鹿城 아래에서 싸워 진나라 군사들을 크게 무찔렀다. 왕리王離 등을 사로잡고 진나라 장수 장한·동예董翳·사마흔司馬欣 등의 항복을 받으니, 항우가 제후의 상장군上將軍이 되었다.

이보다 앞서 조고는 여러 번에 걸쳐 관동 지역의 도적들은 큰 일을 할 만한 능력이 없다고 황제에게 이야기를 했었는데, 막상 진나라 군사가 자주 패전하자 그는 2세가 노여워할까 걱정하였다. 이에 자기의 사위 염락閻樂에게 망이궁望夷宮에서 2세를 시해하게 하고 공자 영嬰을 세워 진나라의 왕으로 삼으니, 그는 2세의 형인 부소의 아들이었다. 영은 즉위한 뒤에 조고의 삼족을 멸해버렸다.

당초에 초 회왕楚懷王은 여러 장수들과 약속하기를 '누구든지 먼저 관중關中에 들어가 평정하는 사람을 관중의 왕으로 삼겠다.'고 한 일이 있었다. 그러나 당시 진나라의 군사력이 강성하므로 여러 장수들은 먼저 관중에 들어가는 것을 탐탁히 여기지 않았다. 오직 항우만이 진나라가 숙부 항량을 죽인 것을 원망하여 몸을 떨쳐 패공(유방)과 함께 앞장서서 관중에 들어가겠다고 자원하였다. 그러자 회왕의 여러 노장들이 모두 말하기를 "항우는 인품이 표독하고 난폭하며, 오직 패공만이 관대한 장자의 기품이 있으니 그를 보내는 것이 좋겠습니다." 하므로 패공을 보내게 되었다.

고양高陽 사람 역이기酈食其가 패공 휘하의 기사騎士에게 말하였다.

"내가 들으니 패공은 거만하고 남을 업신여기는 점이 있지만 그래도 원대한 지략이 많다고 하니, 이분이야말로 참으로 내가 한번 교유해봤으면 싶은 사람이오. 그러니 당신이 패공을 뵙거든 '신이 사는 마을에 역생酈生이란 사람이 있으니 나이가 60여 세에 신장이 8척인데 사람들은 모두 그를 광생狂生이라고 합니다. 하지만 역생은 결코 스스로를 미친 사람이라고 하지 않습니다.'라고 말해주시오."

기사가 대답하기였다.

"패공은 유생을 좋아하지 않는 사람이오. 그래서 유관儒冠을 쓰고 와서 만나보려는 객이 있으면 패공은 곧 그 관을 벗기고 거기다가 오줌을 누어버리니, 유생의 신분으로 패공을 설득해본다는 것은 바람직한 일이 아니오."

그 후 패공이 고양의 전사傳舍에 이르러 역생을 부르자 그가 들어가서 뵈었는데, 패공은 평상에 걸터앉은 채 두 여자에게 발을 씻기도록 하면서 맞이하였다. 그러자 역생도 절은 하지 않고 천천히 읍만 하면서 말하기를 "족하足下께서 반드시 저 무도한 진나라를 쳐 없애고자 하신다면 그렇게 평상에 걸터앉아 장자長者

를 만나보아서는 안될 것입니다." 하였다. 이에 패공은 발 씻기를 멈추게 하고 자리에서 일어나 옷매무시를 고치고는, 역생을 맞이하여 윗자리에 앉히고 무례를 사과했다. 역생이 패공을 위해 진류陳留의 민심을 설득하여 항복하게 하니 그 후 언제나 세객說客 역할을 하게 되었다.

장량이 패공을 따라 서쪽으로 진격하였다.

패공이 진나라 군사를 크게 깨뜨리고 관중으로 들어갔다가 패상霸上으로 갔다. 이에 진왕秦王 자영子嬰은 백마가 끄는 흰 수레를 타고 인끈으로 목을 맨 채 지도정軹道亭 근방에까지 나와 항복을 하였다. 진나라는 시황 26년에 천하를 통일한 뒤 2세와 3세만에 멸망하니, 황제를 칭한 것은 겨우 15년이었다.

2. 서한西漢

1) 태조 고황제太祖高皇帝

한漢나라 태조太祖 고황제高皇帝는 성姓이 유씨劉氏이고 이름이 방邦이며 자字는 계季이니, 패沛 지역 풍읍豐邑의 중양리中陽里 사람이다. 그 어머니가 커다란 못가에서 잠을 자다가 꿈에 신神을

한 고조漢高祖

만났는데 때마침 크게 번개가 치고 비가 내려 칠흑 같이 캄캄하였다. 아버지 태공太公이 나가 보니 잠자는 아내 위에 두 마리의 용이 서로 얼크러져 있었는데 얼마 후에 계季를 낳았다.

그는 콧마루가 우뚝하고 얼굴은 용처럼 생겼으며, 얼굴과 턱에 보기 좋게 수염이 났고 왼쪽 넓적다리에는 72개의 검은 사마귀가 있었다. 인품은 너그럽고 인자하여 사람 대하기를 친밀히 하였으며, 뜻은 활달하고 도량이 커서 가족의 생업 같은 일에는 마음을 쓰지 않았다. 장성하여 사상정장泗上亭長[6]이 되었는데, 어느 날 단보單父 사람 여공呂公이 그의 얼굴과 외모를 기이하게 여겨 자기의 딸을 아내로 삼게 하니 이 여자가 바로 여후呂后이다.

하루는 유계가 현縣의 공무로 여산驪山의 왕릉을 건설하는 역사役事(공사)에 인부들을 호송하게 되었는데, 도중에 도망을 가버린 인부들이 많았다. 그는 목적지에 이르면 남김없이 도망쳐버리고 말게 될 것임을 헤아리고는, 풍읍豐邑 서쪽에 가서 술자리를 벌였다. 밤이 되자 그는 호송하고 있던 인부들을 풀어주며 "당신들은 모두 가고 싶은 데로 가시오. 나 또한 여기서부터 내 갈 길을 가야겠소." 하였다. 이때 그 무리들 중에서 장사 10여 명이 유계를 따르겠노라며 자원하였다. 유계가 이들과 함께 술을 마시고 밤중에 진펄로 된 습지를 지나는데 길에 커다란 구렁이 한 마리가 엎드려 있는 것이었다. 이에 유계가 칼을 뽑아 구렁이를 베었는데, 뒤에 그 길을 지나던 자가 구렁이가 있던 곳에 당도하니 한 노파가 엉엉 울며 말하기를 "내 아들은 백제白帝의 아들인데 방금 적제赤帝의 아들이 이를 죽여버리고 말았다."[7] 하더니 홀연히 어디론가 사라져버렸다. 그 사람이 이 이야기를 유계에게 하

---

6) 사상정장泗上亭長 : 사수泗水 가의 어떤 정亭을 관리하는 우두머리이다. 진秦나라 제도에 10리里가 1정亭인데, 정마다 장長이 있어 주로 도적 잡는 일을 감찰하였다.

7) 내……말았다 : 진秦나라는 서방西方에 있었고 서쪽은 오행五行에서 금金(백색白色)에 해당하므로 '백제白帝의 아들'이라 한 것이며, 유계劉季는 화덕火德(적색赤色)으로 일어난 요堯임금의 자손子孫이므로 '적제赤帝의 아들'이라 한 것이다. 이는 한漢나라가 진秦나라를 이길 징조였음을 상징한 것이다.

유방劉邦이 함곡관函谷關에 들어와 법法 삼장三章을 선포하다

니 유계는 혼자 속으로 기뻐하며 자부하였고, 그를 따르던 여러 사람들도 날로 더욱 그를 어려워하게 되었다.

진섭陳涉이 반군을 일으키자 유계 또한 패沛에서 군사를 일으켜 제후들과 호응을 하였는데, 이때 기치旗幟를 모두 붉은색으로 하였다.[8] 초 회왕楚懷王은 패공을 보내 진나라 군사를 깨뜨리고 관중關中으로 진입하여 진왕秦王 자영子嬰의 항복을 받게 하였다. 진나라가 평정된 뒤 유계는 패상霸上으로 군사를 돌리고 여러 현의 부로父老와 호걸들을 모두 불러 모은 다음 선포하였다.

"그대들은 그동안 진나라의 가혹한 법령 때문에 오랫동안 시달렸을 것이오. 나는 제후들과 '누구든 먼저 관중에 들어간 자가 관중의 왕이 되자.'고 약속하였으므로 내가 응당 관중의 왕이 될 것이니, 그대들과 법 3장章만을 약속해두겠소. 즉 살인자는 사형에 처하고, 사람을 상해했거나 도둑질을 한 자는 각각 그에 해당하는 죄를 묻고, 그 나머지 진나라의 가혹한 법들은 모두 없애버리겠소."

진나라 백성들이 매우 기뻐하였다.

항우가 제후들의 군사를 이끌고 서쪽으로 함곡관函谷關에 들어가려 하였는데, 어떤 사람이 제후들을 들이지 말고 관중을 지

---

8) 기치를……하였다 : 기치를 모두 붉은 색으로 쓴 것은 유계가 적제赤帝의 아들임을 상징하는 것이었다.

키자고 건의하였다. 항우가 함곡관에 이르러 관문이 닫혀 있자 크게 노하여, 관문을 쳐부수고 희수戲水에 진군하여 다음날 아침까지 패공을 격파해버리고자 기약하였다. 이때 항우의 군사 40만 명은 홍문鴻門에, 패공의 군사 10만 명은 패상에 진을 치고 있었다.

범증范增이 항우에게 건의하였다. "패공이 산동山東에 있을 때에는 재물을 탐내고 여색을 좋아했었으나 이제 관중에 들어오고부터는 재물을 취하지 않고 부녀자도 가까이하지 않습니다. 이는 그의 뜻이 소소한 데 있지 않다는 증거입니다. 제가 사람을 시켜 기상氣象을 살펴보게 했더니 모두들 말하기를 '용이 오색 형채를 이루고 있는 형국이다.'라고들 합니다. 이는 천자의 기상을 뜻하는 현상이니, 서둘러 공격하여 기회를 놓치지 마십시오."

항우의 계부季父인 항백項伯은 원래 장량張良과 친분이 있는 사람이었다. 그날 밤 항백은 말을 달려 장량에게 항우의 계획을 일러준 다음 자신과 함께 달아나자고 하였다. 그러자 장량이 말하기를 "나는 한왕韓王을 위해 패공을 전송하였는데, 이제 위급한 상황이 되자 떠나버린다는 것은 의롭지를 못한 일이오." 하고는, 패공의 막사로 들어가 일을 낱낱이 고한 다음 항백에게도 들어가 뵙도록 다그쳤다. 패공은 술잔 가득 술을 권하여 축수祝壽를 하고 또 혼인까지 약속하며 당부하였다.

"내가 관중에 들어온 뒤로 추호도 감히 가까이한 것이 없고, 관리와 백성을 호적에 올리고 부고府庫(창고)를 봉인해가며 장군이 오시기를 기다리고 있었소. 관문을 닫고 지키고 있던 것은 다른 적도들을 대비하기 위해 그리했던 것이니, 원컨대 당신께서 내가 결코 장군의 은덕을 배반하지 않았다는 뜻을 말씀해주시기 바라오."

항백이 허락하고 말하기를 "내일 아침에 패공께서 일찌감치 우리 군중으로 오셔서 사의謝意를 표하지 않으시면 안 됩니다." 하고는, 자기의 진중으로 돌아가 항우에게 일을 낱낱이 고하였다. 또 말하기를 "그 사람에게 큰 공로가 있는데 이를 공격하는 것은 의롭지 못한 일이네. 오히려 점잖게 대접을 해주는 것이 낫지 않겠는가." 하니 항우도 이를 옳게 여겼다.

패공이 이튿날 아침에 군사 백여 기를 데리고 홍문에서 항우를 만나 사의를 표하였다.

"제가 장군과 함께 죽을힘을 다해 진나라를 칠 때에 장군께서는 하북河北에서 싸우고 저는 하남河南에서 싸움을 하였습니다. 그렇지만 어찌 제가 먼저 관중에 들어가 진나라 군사를 격파하고 또다시 여기서 장군을 뵙게 될 것을 예상키나 하였겠습니까. 지금 하찮은 인간의 부질없는 말 때문에 장군과 저 사이에 틈이 벌어지게 된 것입니다."

그러자 항우가 말하였다.

"이는 패공의 좌사마左司馬 조무상曹無傷이 누설한 말 때문이오."

항우가 패공을 군영에 머물게 하여 주연을 베풀 때 범증이 여러 차례 눈짓을 하면서 세 번이나 차고 있는 옥결玉玦을 들어 신호를 보냈는데 항우가 반응이 없었다. 이에 범증이 밖으로 나가 항장項莊(항우의 종제從弟)에게 패공 앞으로 들어가 축수를 하고 검무를 해보겠다고 청하여 춤을 추다가 틈을 보아 격살해버리라고 하였다. 그러나 항백이 낌새를 알고 또한 칼을 뽑고 일어나 춤을 추면서 계속 자기 몸으로 패공을 감싸 엄호하니 항장이 손을 쓸 수가 없었다.

장량이 밖으로 나와 번쾌에게 사태가 급박하게 돌아감을 말하자 번쾌가 즉시 방패를 옆에 끼고 똑바로 들어가 눈을 부릅뜨고 항우를 노려보니, 이때 그의 머리털은 하늘을 향해 꼿꼿이 서고 눈초리는 갈가리 찢어져 있었다. 항우가 그를 보고 "장사로다!" 하고는 한 말 들이 잔에 따른 술과 한 덩어리의 날돼지고기를 주니, 번쾌는 단숨에 술을 들이켜고 나서 칼을 뽑아 고기를 잘라 어적어적 씹어 먹었다. 항우가 말하기를 "한 잔 더 마실 수 있겠는가." 하자, 번쾌가 대답하기를 "신은 주군을 위해 죽는 것조차 마다하지 않는데 한 잔 술을 어찌 사양하겠습니까. 다만 패공은 장군보다 먼저 진나라 관중에 입성하여 노고도 많고 공로도 높기가 이와 같습니다. 그런데 이러한 사람에게 봉작封爵의 상은 없을뿐더러, 장군께서는 소인의 말만 듣고 공이 있는 사람을 죽이려고 하십니다. 이는 망해 버린 진나라의 전철일 뿐이니 장군을 위하여 결코 취할 수 없는 처사입니다." 하였다. 항우가 이에 "앉으라." 하니, 번쾌는 장량을 따라 그 옆에 앉았다. 잠시 후에 패공이 일어나 뒷간으로 가더니 이내 번쾌를 불러 나오게 하여 살그머니 패상으로 달아났다.

장량을 남겨 항우에게 사죄하게 하였다.

“패공께서 거듭되는 술잔을 감당할 수 없어 인사도 드리지 못한 채 돌아가셨습니다. 신에게 이 흰 벽옥 한 쌍을 받들어 항우 장군에게 올리고, 옥두玉斗(옥으로 만든 국자) 한 쌍은 아보亞父(범증)에게 드리라고 분부하셨습니다.”

항우가 패공이 어디에 있는지 물으니, 장량이 대답하였다.

“패공께서는 항우 장군께서 자신의 과실을 추궁할 것이란 말을 듣고 몸을 빼어 혼자서 돌아가 버리셨습니다. 지금쯤은 이미 패상 진지에 도착하셨을 것입니다.”

범증은 칼을 빼어 옥두를 쳐부수며 탄식하였다.

“하아, 저 철삭둥이 같은 인간하고 무슨 일을 도모해볼 수가 없구나. 항우 장군의 천하를 빼앗을 자는 틀림없이 패공일 것이다.”

패공은 군영으로 돌아와 지체 없이 조무상을 참수하였다.

며칠 후에 항우가 군사를 이끌고 서쪽으로 가서 함양을 도륙해버린 다음 항복한 진왕 자영을 죽이고 진나라의 궁실도 불태워버리니, 불길이 석 달씩이나 꺼지지 않았다. 또 진 시황의 능묘를 파헤치고 귀중한 보물과 부녀자들을 거두어 동쪽으로 돌아가니 진나라의 유민들이 크게 실망을 하였다. 한생韓生이 항우에게 권하였다.

"관중은 산으로 뒤덮이고 강물이 띠처럼 돌아나가는 데다 사방이 모두 막혀 있으면서도 토지는 비옥한 땅입니다. 이런 곳이면 족히 도읍을 정하여 패업을 이룰 수가 있을 것입니다."

항우는 물끄러미 패잔해버린 진나라의 터를 바라보면서, 또 동쪽 고향으로 돌아갈 마음이 간절했던지 이렇게 말하였다.

"사람이 부귀한 몸이 되고 나서도 고향으로 돌아가지 않는다면 마치 비단옷을 입고 밤거리를 돌아다니는 것과 같은 것이겠지."

한생이 물러나와 말하기를 "사람들이 초나라 사람은 마치 원숭이에게 관을 씌워놓은 것 같다[9]고 하더니 과연 그렇더라." 하였다. 항우가 이 말을 듣고 한생을 끓는 물에 삶아 죽였다.

항우가 사람을 보내 그동안의 일을 회왕에게 복명케 하니, 회왕이 이를 듣고 "먼젓번 약속대로 하라." 하였다. 이 말에 항우는 성을 내며 "회왕은 우리 집안에서 추대해서 왕이 된 사람일 뿐이다. 아무런 공로도 없으면서 어찌 전적으로 약속을 주장할 권한이 있겠는가." 하면서, 겉으로는 의제義帝라고 받들어주는 척하며 강남으로 옮겨 침郴에 도읍하게 하였다. 그리고 천하를 나누고 여러 장수들을 왕으로 봉하면서 자신은 스스로 서초패왕西楚霸王

9) 초나라……같다 : 원숭이가 끈기 있게 관대冠帶를 착용하고 있지 못함을 말하는 것으로, 초나라 사람의 성미가 조급함을 비유한 것이다.

이 되고, "파촉巴蜀도 관중의 땅이라고 할 수 있다." 하며 패공을 세워 한왕漢王으로 삼고 파巴 · 촉蜀 · 한중漢中 지역의 왕으로 삼았다. 관중을 셋으로 나누어 진나라의 항복한 장수 세 사람을 왕으로 삼아 한왕이 관중으로 나오는 통로를 막게 하였다. 한왕이 노하여 항우를 공격하려 하였으나 소하蕭何가 간언하였다.

"바라건대 대왕께서는 한중에서 왕 노릇 하시면서 백성을 잘 보살피어 어진 사람들이 휘하에 모여들도록 하십시오. 파촉 땅을 거두어 다시금 진나라의 세 항장降將을 평정하게 되면 그때는 천하 통일의 계책도 세워볼 수가 있을 것입니다."

한왕은 이에 봉국으로 내려가 소하를 승상으로 삼았다.

한 고조漢高祖 원년(B.C. 206), 오성五星이 동정東井에 모여들었다.[10)]

이보다 앞서 회음淮陰사람 한신韓信은 집이 가난하여 성 아래쪽에서 낚시질을 하고 있었는데, 빨래를 하고 있던 어떤 노파가 한신의 굶주린 모습을 보고서 그에게 밥을 먹여주었다. 한신이 말

---

10) 오성五星이……모여들었다 : 오성五星은 목성木星 · 화성火星 · 토성土星 · 금성金星 · 수성水星을 이른다. 정井은 미방未方과 신방申方 사이에 있는 경성經星(항성恒星)이니, 신방申方 경역境域에 있는 것이 서정西井, 미방未方 경역에 있는 것이 동정東井이다. 이들은 모두 진秦나라 분야分野인 옹주雍州 경역에 해당하는 별들이다. 그런데 이때 오성五星이 그곳으로 모여들었다 하였으니 이는 곧 한漢나라가 흥성할 징조였다.

한신韓信

하기를 "내가 이 다음에 출세를 하게 되면 할머니께 아주 후하게 보답해드리지요." 하니, 노파가 성을 내며 "대장부가 먹는 것조차 스스로 해결하지 못하기에 내가 당신을 측은히 여겨 음식을 준 것뿐이오. 어찌 보답을 바라겠소." 하였다.

회음의 도살업자들이 사는 동네의 한 소년이 한신을 조롱하였는데, 그는 그들의 패거리가 많은 것을 믿고 한신에게 이런 말까지 하였다.

"네가 비록 장대한 몸집에 칼을 차고 있지만 속마음은 겁쟁이렷다. 네가 만일 나를 죽일 수 있거든 나를 찔러보고, 그렇게 못하겠거든 나의 사타구니 밑으로 기어나와라."

한신이 우두커니 그를 바라보다가 머리를 숙여 사타구니 밑으로 기어서 나오니, 온 동네 사람들은 모두 한신의 비겁한 행동을 비웃었다. 그 후 항량이 군사를 일으켜 회수淮水를 건널 때에 한신이 여기에 가담하였고, 또 여러 차례에 걸쳐 계책을 가지고 항우에게 건의하였으나 쓰이지 못했다. 이에 그는 한나라로 도망하여 치속도위治粟都尉라는 직책을 맡아 여러 차례 소하와 이야기를 나눴는데, 소하는 그를 매우 기발한 인물이라 여겼다.

한왕이 남정南鄭에 도착하니 장병들이 모두 노래들을 부르며 귀향하고 싶은 생각에 젖어서 도중에 도망을 치는 자가 많았다. 이러한 상황 속에서 한신은 소하가 이미 여러 차례 한왕에게 자기를 추천하였는데도 한왕이 자신을 써주지를 않은 것이라 생각하고, 곧바로 도망을 쳤다. 이에 소하가 직접 한신을 좇아가자 어떤 사람이 말하기를 "승상 소하가 도망을 쳤다." 하였다. 한왕은 화가 나 마치 양쪽 팔을 다 잃어버린 것 같았는데, 조금 있다가 소하가 왕에게 배알拜謁을 하는 것이었다.

한왕이 꾸짖어 말하였다. "자네까지 도망을 치다니, 무엇 때문인가."

소하가 대답하였다. "도망을 친 것이 아니라 한신을 쫓아갔던 것입니다."

한왕이 말하였다. "여러 장수들 가운데 도망을 친 자가 십수 명이나 되어도 자네가 한 번도 따라가본 일이 없었는데, 이제 자네가 한신을 따라갔었다는 것은 거짓말이렷다."

소하가 말하였다. "도망친 여러 장수들은 쉽게 얻을 수 있는 자들이지만 한신은 나라에 비견할 사람이 없는 훌륭한 인재입니다. 대왕께서 길이길이 한중에서만 왕 노릇을 하려 하신다면 한신 같은 인재를 쓰실 필요가 없겠지만, 기필코 천하의 대권을 쟁취해보려 하신다면 한신이 아니면 더불어 그 일을 상의할 만한 사람이 없을 것이옵니다."

한왕이 말하였다. "나 역시 동쪽으로 가고자 하니, 어찌 답답하게 오래도록 이곳에 파묻혀 있을 수 있겠는가."

소하가 말하였다. "대왕께서 기필코 동쪽으로 가려고 하셔서 한신을 쓰신다면 그는 그대로 이곳에 머물러 있겠지만, 그렇지 않다면 끝내 도망을 치고 말 것입니다."

한왕이 말하였다. "내 자네의 낯을 보아 그를 장수로 등용하겠소."

소하가 말하였다. "그 정도로는 머물러 있지 않을 것이옵니다."

한왕이 말하였다. "그렇다면 그를 대장으로 등용하겠소."

소하가 말하였다. "매우 다행이지만 대왕께서는 평소 오만무례하시어 대장을 제수할 때에도 마치 어린아이를 부르듯이 하실 것이니, 이것이 한신이 달아나게 되는 이유입니다."

이에 한왕이 단壇을 설치하고 예식을 정비하니 여러 장수들이 모두 자기에게 대장 자리가 돌아오는가 하고 기대를 하였는데, 막상 대장을 제수할 때에 보니 바로 한신을 임명하므로 온 군사들이 모두 놀랐다.

왕은 마침내 한신의 계책을 수용하여 여러 장수들의 부서를 정하고, 소하는 그대로 한중에 머물러 있으면서 파촉의 조세를 거두어 군량미를 조달케 하였다. 한신이 군사를 이끌고 고도현故道縣에서 중원으로 나와 옹왕雍王 장한章邯을 급습하니, 장한은 패하여 달아나다가 죽고 색왕塞王 사마흔司馬欣과 적왕翟王 동예董翳는 모두 항복하였다.

한 고조漢高祖 2년(B.C. 205), 항적이 의제를 강중江中에서 시해하였다.

이보다 앞서 양무陽武 사람 진평陳平이 살림이 가난한 가운데 독서를 좋아하였다. 한번은 마을에서 사일社日 제사를 지낼 때 진평이 재宰가 되어 제사 고기를 아주 균등하게 나눠주었는데, 이것을 보고 부로父老들이 말하였다. "참 잘하는구나. 저 진가陳哥 녀석의 제물 다루는 솜씨를 보렴." 이 말을 듣고 진평이 말하기를 "허! 나에게 천하를 주관하게 하더라도 이 고기를 다루는 것과 다르지 않을 것이다." 하였다.

애초에 진평은 위왕魏王 구咎를 섬겼는데 자신의 계책을 써주지 않자 그를 떠나 항우를 섬겼다. 그러나 모종의 죄를 짓고 항우에게서 도망을 쳐 위무지魏無知란 사람을 통해 한왕에게 뵙기를 구하니, 한왕은 그를 도위都尉로 삼아 함께 수레를 타고 호군護軍하는 일까지 맡아보게 하였다. 그러자 주발周勃이 왕에게 진언하였다.

"진평은 비록 풍채가 관옥冠玉과 같이 아름답기는 하지만, 그 속은 반드시 덕이 있는 위인은 아닐 것입니다. 신이 들으니 그는 고향에 있을 때 형수와 밀통을 한 일이 있고, 또 위왕을 섬기다가 용납되지 않자 초나라로 도망을 친 일도 있고, 또 초에서도 받아주지 않자 우리 한나라까지 오게 된 것이라 합니다. 지금 대왕께서 그에게 호군의 일을 맡아보게 하시자 그가 또 여러 장수들에게 뇌물을 받아먹고 있으니, 대왕께서는 잘 살펴주시기 바랍니다."

한왕이 그를 천거한 위무지를 질책하니, 위무지가 대답하였다.

"신이 아뢴 말씀은 그의 능력에 관한 것이었고, 대왕께서 추궁하시는 내용은 그의 품행에 관한 것입니다. 지금 미생尾生과 효기孝己와 같이 훌륭한 품행을 지닌 사람이 있다 해도 우리 과업의 성패成敗에는 아무런 도움도 되지 않을 것입니다. 대왕께서 어느 겨를에 그런 사람을 쓰실 수가 있겠습니까."

한왕은 진평에게 평호군중위平護軍中尉를 제수하여 여러 장수들을 다 통솔하게 하니 장수들이 감히 더는 이의를 제기하지 못하였다.

한왕이 낙양洛陽에 진군하자, 신성新城의 삼로三老인 동공董公이 길을 막고 말하였다.

"도덕에 맞게 행동하는 자는 번창을 하지만, 그것을 거역하는 자는 멸망을 합니다. 뿐만 아니라 정당한 명분 없이 군사를 일으키게 되면 그 일은 성공하지 못하게 되니, 따라서 역적이 되는 이유를 명백히 한 뒤에야 적들을 승복하게 할 수도 있는 것이지요. 저 항우는 무도하여 임금을 내쫓고 시해하였으니 천하의 적신賊臣입니다. 대저 인仁을 행하는 데 용기가 필요한 것도 아니요, 의義를 행하는 데 무력이 필요한 것도 아닙니다. 대왕께서는 마땅히 삼군三軍의 대군을 인솔하여 의제義帝를 위해 소복素服을 하시고, 제후들에게 고한 다음 그를 토벌하십시오."

이에 한왕은 의제를 위해 발상發喪을 하고 제후들에게 고하였다.

"지난번 온 천하가 협력하여 의제를 옹립하였는데, 이제 항우가 그 임금을 내쫓고 시해하였다. 과인은 관중의 병사들을 남김없이 동원하고 또 삼하三河의 군사들까지도 수습하여 남쪽으로 강수江水와 한수漢水에 배를 띄워 내려가서, 바라건대 제후왕들을 따라 초나라의 그 의제를 시해한 자를 쳐부수고자 한다."

한왕이 다섯 제후의 군사 56만 명을 이끌고 초나라를 쳤다. 그리고 팽성으로 들어가 거기 있는 보물과 미인들을 수습한 다음 성대하게 주연을 베풀었다. 이때 항우가 제齊를 치러 갔다가 〈팽성이 함락되었다는〉 소식을 듣고 직접 정예 3만 명을 데리고 돌아와 한을 공격하여 저수雎水 가에서 한군을 크게 무찌르니, 〈한나라의〉 전사자가 20만 명이나 되어 강물이 흐르지 못할 정도였다. 항우는 한왕을 세 겹씩이나 포위하였는데, 때마침 서북쪽에서 큰바람이 일어 나무가 부러지고 지붕이 날리며 모래와 돌이 휘날리는 등 대낮이 마치 그믐밤과도 같이 캄캄해졌다. 이틈에 한왕이 겨우 수십 기의 부하들과 함께 피신할 수 있었다.

심이기審食其가 한왕의 아버지 태공太公과 부인 여후呂后를 수종隨從하여 지름길로 빠져나가다가 초나라 군사들을 만나 초나라에 사로잡히니, 항우는 이후로 그들을 늘 군중에 머물게 하여 볼모로 삼았다. 한왕이 형양滎陽으로 가니 패잔병들이 모두 모여들었고, 소하가 또한 관중의 노약자들을 징발해서 남김없이 형양으로 가게 하니 한군의 위세가 다시금 크게 떨치게 되었다.

소하는 관중을 유수留守하며 종묘와 사직을 세우고 여러 현읍縣邑의 제반사를 적절히 잘 시행하였으며, 관중의 호구를 조사하여 수레나 배로 물자를 운반하거나 군사를 동원하는 일에 차질이 없게 하였다.

위왕魏王 표豹가 배반하므로 한왕이 한신을 보내 치게 하니, 표는 백직栢直을 대장으로 삼아 대응하게 하였다. 한왕이 말하기를 "그 자는 입에서 아직 젖 냄새가 나는 어린애이다. 어찌 한신을 대적할 수 있겠는가." 하였다.

한신은 보이지 않는 곳에 병사를 매복시켜놓고 하양夏陽에서 나무 항아리〔木罌〕를 엮어 만든 기구를 이용해 군사들을 건너게 한 다음 안읍安邑을 습격하여 표豹를 사로잡았다. 한신이 위를 평정한 뒤 군사 3만 명을 청하며 "바라건대 북쪽으로 연燕과 조趙를 함락하고, 동쪽으로 제齊를 치며, 남쪽으로 초楚의 군량선을 끊고, 서쪽으로 형양滎陽에서 대왕과 회동을 하고자 합니다."라고 하니, 한왕은 장이張耳를 보내 함께하게 하였다.

한 고조漢高祖 3년(B.C. 204), 한신과 장이가 군사를 거느리고 조趙나라를 쳤다. 조나라는 정형산井陘山 어귀에 군사를 집결하고 조왕趙王 헐歇과 성안군成安君 진여陳餘가 방어를 하였다. 조나라의 이좌거李左車가 진여에게 건의하였다.

"정형산으로 통하는 길은 수레 두 대를 나란히 세울 수 없고, 기병 역시 대열을 이루어 진군할 수 없을 정도로 좁습니다. 지세가 이러하니 그들의 식량을 실은 수레도 반드시 후미로 처질 수밖에 없겠지요. 저에게 얼마간의 기병奇兵을 맡겨주시면 샛길을 따라 그들의 군량을 끊어버리겠습니다. 진공陳公께서 해자를 깊이 파고 보루를 높이 쌓기만 하고서 적과 싸우지 않으시면, 저들은 나아와 싸울 수도 없고 물러나 돌아갈 수도 없게 될 것입니다. 또 들에는 노략질을 할 만한 곡식도 없으니 열흘 이내에 두 장수의 수급首級을 진공의 휘하로 가져올 수 있을 것입니다."

그러나 진여는 유자儒者였으므로 스스로 말하기를 "의병義兵은 기계奇計를 쓰지 않는 법이오." 하였다. 한신은 간첩을 통해 이러한 정보를 알아내고서 과감하게 군사를 밀고 내려왔으나 적군이 주둔한 정형산 어귀까지는 진군하지 않았다. 밤중에 경기병輕騎兵 2천 명을 동원하여, 병졸마다 붉은 기旗를 가지고 샛길을 따라 조나라 군사들을 바라볼 수 있는 데까지 가게 하였다. 그리고 특별히 주의하기를 "조나라 군사들은 우리가 달아나는 것을 보면 틀림없이 진지를 비워놓고 우리를 추격해올 것이다. 그때 너희들이 재빨리 조나라의 진지陣地로 들어가 조나라의 기를 뽑고 한나라의 붉은 기를 세우도록 하라."고 한 다음, 별도로 1만 명의 군사를 내어 먼저 물을 등지고 진을 치게 하였다.

이튿날 새벽 대장의 기를 세우고 북을 치며 정형산 어귀로 나아가니, 조나라 군사들이 군문을 열고 공격해왔다. 얼마 동안 전투를 하다가 한신과 장이가 거짓으로 기와 북을 버리고 물가에 진을 치고 있는 군사들 쪽으로 달아나니, 조나라 군사들이 과연 진지를 비우고 추격해왔다. 물가에 진을 치고 있던 군사들이 모두 필사적으로 대항하니, 조나라 군사들이 한신 등을 놓쳐버리고 돌아가다가 자신들의 진지에 꽂혀있는 붉은 기를 보고서는 크게 놀라 마침내 이리저리 흩어져 달아났다. 한나라 군사들이 협공하여 조나라를 크게 격파한 다음 진여의 목을 베고 조왕 헐歇을 사로잡았다.

여러 장수들이 한신에게 승전을 축하하며 물었다.

"병법에 '오른쪽으로 산과 언덕을 등지고, 앞과 왼쪽으로 물이나 늪을 두어야 한다.'고 하였는데, 이번 작전에는 물을 등지고 싸웠는데도 승리하였으니 어찌 된 연유입니까?"

한신이 말하였다.

"병법에 '군사들을 죽을 구덩이에 몰아넣은 뒤에야 살아날 수가 있고, 멸망할 땅에다 배치한 뒤에야 살아남게 된다.'고 하지 않았던가."

장수들이 모두 승복을 하였다. 한신이 현상금을 걸고 이좌거를 찾아내고서, 포박을 풀어준 다음 그를 스승으로 섬겼다. 한신이 이좌거의 계책에 따라 변사辯士를 보내 연燕나라에 서한을 전하게 하니 연나라가 바람에 쏠리듯이 복속해왔다.

수하隨何가 구강왕九江王 경포黥布를 설득하여 초나라를 배반하고 한나라로 귀순하게 하였다. 이에 경포가 한나라로 가니, 한왕漢王이 떡하니 평상에 걸터앉아 발을 씻으며 경포를 불러들여 맞이하는 것이었다. 경포는 후회스럽고 화가 나서 자살해버리려 하였는데, 숙소로 가보니 장막과 수레, 음식과 속관들이 모두 한왕의 거처와 다름이 없으므로 뜻밖의 대접에 매우 기뻐하였다.

역이기가 한왕에게 권하여 전국시대 6국의 후예들을 제후로 세우자고 하니, 한왕이 "서둘러 제후에게 줄 인장印章을 새기도록 하라." 하였다. 얼마 후 장량이 들어와 알현하자 한왕은 마침 수라를 들고 있다가 역이기의 건의를 모두 장량에게 말해주었다. 그러자 장량이 말하기를 "대왕 앞에 있는 그 젓가락을 잠깐 빌려주십시오. 〈그것을 가지고 천하의 형세를 그려가며〉 대왕을 위해 앞으로 해야 할 일을 말씀드리겠습니다." 하고는 드디어 여덟 가지 어려운 일을 거론하니, 그중 일곱 번째 조항이 다음과 같았다.

"지금 천하의 유세객들이 친척과 헤어지고 조상의 묘도 돌보지 않은 채 대왕을 따라 유세하고 있는 것은, 단지 얼마 되지 않은 토지라도 얻어볼까 해서 그렇게 하는 것입니다. 그런데 이제 다시 6국의 후예들을 세운다면 유세객들은 각각 그들의 상전에게로 돌아가 이를 섬기며 살게 될 것이니 대왕께서는 누구와 더불어 천하를 경륜經綸하실 수 있겠습니까. 뿐만 아니라 지금 초나라보다 더 강한 나라가 없는데, 6국이 다시 허리를 굽혀 초나라를 따른다면 대왕께서는 무슨 수로 그들을 신하로 복종하게 하시겠습니까. 진실로 식객의 책모를 쓰신다고 하면 천하를 통일하고자 하는 대업은 수포로 돌아가 버리고 말 것입니다."

한왕이 식사를 멈추고 입에 있는 음식을 뱉으며 욕하기를 "그 하찮은 선비 녀석이 하마터면 나의 사업을 망쳐놓을 뻔했구나." 하고는, 지체 없이 인장을 녹여버리라고 명하였다.

초나라가 형양滎陽에서 한왕을 포위했을 때 한왕이 진평에게 물었다. "천하가 이렇게 분분한데 어느 때가 되어서야 평정이 되겠는가." 진평이 대답하였다. "항우의 신하 가운데 강직하고 과감한 사람은 아보亞父(범증) 등 몇 사람뿐이니, 간첩 작전을 써서 서로 간의 마음을 의심하게 하면 틀림없이 초나라를 격파하게 될 것입니다." 이에 한왕이 진평에게 황금 4만 근을 주고는 어디에 어떻게 쓰든지 마음대로 하라 하였다. 진평이 다수의 반간反間을 풀어 공작하게 하니, 항우가 과연 범증을 크게 의심하게 되었다. 결국 범증이 벼슬을 그만둘 것을 청하고 고향으로 돌아가다가 등에 악창이 터져 죽고 말았다.

초나라가 더욱 급박하게 한왕을 포위하니, 한나라 장군 기신紀信이 말했다. "사태가 매우 급합니다. 초나라 군사를 속이고 달아나십시오." 이윽고 기신이 한왕의 수레를 대신 타고 동문으로 나와서 말하기를 "성안의 군량이 소진되어 한왕이 나와 항복을 하려 한다." 하니, 초나라 군사들이 모두 성의 동쪽으로 몰려가 구경을 하였다. 이 틈에 한왕은 서문으로 빠져 나와 달아났고, 속임수가 발각되자 항우는 기신을 불태워 죽였다.

한왕이 성고成皐에 진을 치니 항우가 이를 또 포위하였다. 이에 한왕이 살짝 빠져나가 북쪽으로 황하를 건너서 새벽녘에 조나라의 진지로 들어간 다음, 거기서 한신의 군사를 빼앗았다. 한신에게 명하여 조나라 군사를 수습하여 제齊나라를 공격하게 했다.

역이기가 한왕에게 건의하기를 "형양을 우리의 수중에 넣고 오창敖倉의 곡식을 의지하여 성고의 요해要害를 방어토록 하소서." 하니, 한왕이 이 말을 따랐다.

역이기가 한왕을 위하여 제나라 왕을 설득해서 항복하게 하였다. 이때 괴철蒯徹이 한신에게 말하였다.

"장군이 제齊나라를 치려는데 한나라에서 단독으로 밀사를 보내 제나라가 항복하게 하였으니, 이것이 어찌 조칙詔勅을 내어 장군의 출정을 중지케 한 것이겠습니까. 역이기는 수레에서 머리를 숙이며 세 치 혀를 놀리는 것만으로 제나라의 70여 성을 항복시키는 성과를 올렸습니다. 장군께서 대장이 되신 지 몇 해가 되었는데 도리어 한낱 보잘것없는 유생의 공로만도 못한 셈이 아니겠습니까."

한 고조漢高祖 4년(B.C. 203), 한신이 제齊나라를 습격하여 격파하니 제왕齊王이 역이기를 끓는 물에 삶아 죽이고 달아났다.

한나라가 초나라와 대치하여 각자 광무성廣武城에 진을 치고 있었다. 이때 항우가 높고 큰 도마를 설치하고 그 위에 태공太公을 올려두고서 한왕에게 고하였다. "속히 항복하지 않으면 내가 너의 아버지를 삶아 죽이겠다." 이에 한왕이 답하였다. "내가 너와 함께 북면하여 회왕懷王을 섬길 때에 서로 형제가 되자고 약속하지 않았더냐. 그러니 나의 아버지가 곧 너의 아버지인데 기어코 너의 아버지를 삶아 죽이려고 한다면, 부디 나에게 그 국물이나 한 사발 나눠주려무나." 항우가 한왕과 일대일로 승부를 겨뤄보자고 하니, 한왕이 "나는 지혜를 가지고 싸울지언정 힘을 가지고 겨루기는 싫소." 하면서 항우가 저지른 죄 열 가지를 열거하였다. 항우가 크게 노하여 매복시켜 놓았던 강노强弩를 쏘게 하니 화살이 한왕의 가슴팍에 적중하였다.

초楚나라가 용저龍且를 보내 제齊나라를 구원하게 하였다. 용저가 말하기를 "한신은 상대하기 어렵지 않을 것입니다. 그는 빨래하는 부인에게 밥을 얻어먹은 일이 있었으니 자기 자신의 생계도 해결할 만한 능력이 없는 사람이고, 또 망나니들의 다리 밑을 기어서 모욕을 당한 일이 있었으니 남을 능가할 만한 용기도 없는 사람입니다." 하고는, 진군하여 유수濰水를 사이에 두고 한신과 대진對陣하였다. 밤이 되자 한신은 사람을 시켜 주머니 속에 모래를 채워 유수의 상류를 막아놓게 하고, 새벽녘에 그 물을 건너 제나라 군사를 공격하다가 거짓으로 패하는 척하면서 달아났다. 용저가 추격을 하자 한신이 상류의 막았던 물을 트게 하니 용저의 군사 태반이 물을 건너지를 못하였다. 한신이 급히 공격하여 용저를 죽이고 제왕齊王 전광田廣을 사로잡아 드디어 제나라 땅을 평정하였다.

한신이 사람을 보내 한왕에게 일을 보고하게 한 다음 자신을 가왕假王으로 삼아 제나라를 진정시키게 할 것을 청하였다. 한왕이 크게 노하며 한신을 꾸짖었는데 장량과 진평이 한왕의 발을 살짝 밟고 만류하며 귀에 대고 허락하는 것이 좋겠다고 속삭였다. 한왕이 눈치를 채고 다시 질책하기를 "대장부가 일단 제후를 평정했으면 곧바로 진왕眞王이 될 것이지, 어찌 가왕假王으로 행세를 할 것인가." 하며 인수印綬를 보내 한신을 세워 제왕齊王에 봉하였다.

항우는 용저가 죽었단 소식을 듣고 매우 두려워한 나머지 무섭武涉을 한신에게 보내 서로 연합하여 화약을 맺고 천하를 셋으로 나누자고 제안하였다. 한신이 말하였다.

"한왕은 나에게 상장군上將軍의 인수를 주었을 뿐만 아니라, 일찍이 그의 옷을 벗어 나에게 입혀준 일이 있고, 또 자기의 음식을 양보해서 나에게 먹여준 일도 있었다. 내가 하는 말은 무엇이든 다 들어주었고 나의 계책 또한 채용되지 않은 것이 없었다. 그러니 내가 그를 배반하는 것은 상서롭지 못한 일이다. 비록 죽더라도 마음을 바꾸지 않겠다."

괴철이 또다시 한신에게 권유를 하였으나 그는 끝내 듣지 않았다.

한왕이 경포를 세워 회남왕淮南王으로 삼았다.

항우는 응원군도 부족하고 군량도 떨어져 가고 있었다. 이때 한신이 또 진군하여 항우를 공격하자 항우는 한나라와 화약을 맺고 천하를 양분하여, 홍구鴻溝를 기준으로 서쪽은 한나라의 영토로 하고 동쪽은 초나라의 영토로 하자고 하였다. 항우는 한왕의 아버지인 태공과 부인 여씨를 돌려보내고 군대를 해산하여 동쪽으로 돌아갔다. 한왕 역시 서쪽으로 철수하려 하는데 장량과 진평이 말하였다.

"한나라는 이제 천하의 태반을 차지하게 되었는데, 초나라 군사들은 굶주리고 피곤한 상태에 있습니다. 지금 초나라를 풀어둔 채 공격하지 않는다면 이는 곧 범을 길러 스스로 후환을 남겨두는 꼴이 될 것입니다." 이에 한왕이 그 의견을 따랐다.

한 고조漢高祖 5년(B.C. 202), 한왕은 항우를 추격하여 고릉固陵까지 이르렀다. 한신과 팽월彭越이 합류하기로 약속되어 있었으나 이르지 않자, 장량이 한왕에게 권하여 두 사람에게 각각 초楚나라와 양梁나라의 땅을 주도록 하였다. 그러자 두 사람이 모두 병사를 이끌고 왔고, 경포 역시 그곳으로 회합하였다.

항우는 해하垓下까지 몰리게 되자 따르는 군사도 얼마 없고 군량도 다하게 되었는데, 한신 등이 이 틈을 타 공격하니 항우는 패하여 보루 안으로 들어갔다. 한나라 군사들이 보루를 여러 겹으로 포위하였는데, 어느 날 밤에 항우는 한나라 군사들이 사방에서 모두 초나라 노래를 부르는 것을 듣고 매우 놀라 말하였다.

"한나라가 벌써 초나라 땅을 모두 차지하였단 말이냐. 어찌 이리 초나라 사람이 많다는 말이냐."

항우는 자리에서 일어나 장막 안으로 들어가 술을 마시면서 우미인虞美人(항우의 행희幸姬)에게 춤을 추게 하고는, 비분강개한

우희虞姬

마음에 두어 줄기 눈물을 흘리며 다음과 같이 노래를 하였다.

나의 힘은 태산도 두려뺄 만하고,
나의 기운은 세상을 덮을 만도 한데
시세가 불리하여, 추마騅馬도 가질 않네
추마도 앞으로 나가질 않으니, 장차 어쩌면 좋을꼬
사랑하는 우虞야 우야, 너를 어찌할 것인고

'추騅'는 항우가 평소 타고 다니던 준마의 이름이다. 측근의 부하들이 모두 눈물을 흘리며 감히 쳐다보지 못하였다.

항우는 밤중에 부하 8백여 기騎를 거느리고 한나라 군사의 포위를 무너뜨리며 남쪽으로 탈출하여 회수淮水를 건넜다. 그러나 길을 잃고 헤매다가 그만 커다란 늪지대에 빠져버리니 그동안에 한나라의 추격군이 따라왔다. 동성東城에 다다랐을 때 따르는 군사가 28기에 불과하자 항우는 부하들에게 말했다.

"내가 군사를 일으킨 지 이제 8년, 그동안 70여 차례 전투를 하였지만 한 번도 져 본 일이 없었다. 그런데 이번에 이렇게 곤란한 지경에 빠지게 되었으니, 이는 곧 하늘이 나를 패망하게 한 것이지 싸움을 잘못한 책임은 아니다. 오늘 나는 진실로 죽을 각오를 하고 있는 터이다. 원컨대 그대들을 위하여 한바탕 결전하여, 반드시 포위망을 뚫고 적장의 목을 베어버림으로써 그대들에게 나의 말이 거짓이 아님을 알게 하고자 한다."

항우가 과연 그 말과 같이 결행하였다. 이에 동쪽으로 오강烏江을 건너려 하였는데, 그곳 정장亭長이 배 한 척을 대놓고 있다가 말하였다.

"강동江東이 비록 작은 지방이지만 그곳도 역시 왕 노릇을 하기에 충분한 땅이니 머뭇거리지 말고 어서 타시지요."

그러자 항우가 말하였다.

"내가 강동의 젊은이 8천 명과 함께 장강長江을 건너 서쪽으로 진군하였는데 이제 그들은 한 사람도 살아서 돌아오지 못하였으니, 강동의 부형들이 나를 동정해서 왕으로 추대한들 내가 무슨 면목으로 그들을 다시 볼 수가 있겠소. 그러니 어찌 마음속으로 부끄럽지 않겠소."

곧 스스로 목을 찔러 죽었다.

초나라 땅이 모두 평정되었는데, 오직 노魯나라만 항복을 하지 않고 있었다. 한왕이 이들을 도륙하고자 성 밑에까지 들어갔는데 여전히 악기를 타고 글을 읽는 소리가 들리는 것이었다. 이에 한왕은 '이곳은 예의를 중시하는 나라이므로 그들의 주군을 위하여 절개를 지키며 죽을 각오를 하고 있는 것이다.'라고 생각하였다. 그리하여 항우의 머리를 가져다 그들에게 보여주니 그제야 항복을 하였다.

한왕은 군사를 돌려 제왕齊王 한신의 진영으로 달려 들어가서 그의 군사를 빼앗은 다음, 한신은 초왕楚王으로 팽월彭越은 양왕梁王으로 삼았다. 한왕은 황제의 자리에 올랐다.

한 고조漢高祖가 낙양洛陽의 남궁南宮에서 주연을 베풀고 신하들에게 물었다.

"여러 제후들과 장수들은 한번 말을 해보시오. 내가 천하를 얻게 된 연유는 무엇이며, 항씨項氏가 천하를 잃게 된 연유는 무엇이겠소."

고기高起와 왕릉王陵이 대답하였다.

"폐하께서 부하를 시켜 성을 치고 땅을 공략하게 하실 때 전공을 따라 그들에게 상을 내려서 천하와 더불어 이익을 함께하시었습니다. 항우는 그렇지 않아서 공이 있는 자를 살상하고 어진 이를 의심하며, 싸움에 이겨도 그 공을 부하들에게 돌리지 아니하고, 또 땅을 얻어도 부하들에게 그 이익을 돌려주지 않았습니다."

고조가 말했다.

"경은 하나만 알고 둘은 모르는구려. 휘장 안에서 전략을 짜내어 천 리 밖 싸움의 승리를 결정함에 있어서는 내가 자방子房(장량)에 미칠 수가 없소. 또 국가의 안녕을 도모하고 백성을 어루만지며, 군량을 보급하여 보급로가 끊어지지 않게 함에 있어서는 내가 소하를 당하지 못할 것이오. 그리고 백만 명의 대군을 이끌고 나가 싸움마다 이기고 칠 때마다 빼앗음에 있어서는 내가 한

세 호걸豪傑을 임용하다

신을 당할 수가 없소. 이 세 사람 모두가 인걸人傑이고 내가 이들을 잘 등용하였으니 이것이 바로 내가 천하를 얻게 된 배경이오. 항우에게는 범증 한 사람이 있었을 뿐인데 그를 잘 쓰지를 못하였으니, 이것이 바로 항우가 나에게 사로잡히게 된 까닭이오."

여러 신하들은 모두 기뻐하며 복종하였다.

옛 제왕齊王인 전횡田橫이 그의 부하 5백 명을 데리고 해도海島로 들어가니, 고조가 그를 부르며 말했다.

"전횡아, 육지로 올라오너라. 크게는 왕이 될 것이요, 작아도 후侯에는 봉해줄 것이다. 하지만 오지 않으면 군사를 일으켜 토벌할 것이다."

이리하여 전횡은 두 객인客人과 함께 역참의 말을 갈아타며 낙양의 시향尸鄕까지 왔으나 그곳에서 스스로 목숨을 끊었다. 고조는 그를 왕의 예로 장사 지내주었는데 장례를 마치자 함께 왔던 두 사람도 목숨을 끊어 전횡을 따랐다. 섬에 있던 5백 명의 무리도 이 소식을 듣고 모두 자살을 하였다.

이보다 앞서 계포季布라는 사람이 항우의 장수가 되어 여러 차례 고조를 곤궁에 몰아넣은 일이 있었다. 항우가 멸망한 뒤 고조는 현상금을 걸고 계포를 찾으면서 "만약에 계포를 숨겨주는 자가 있으면 그 자의 삼족을 멸하겠다." 하였다. 계포는 이에 머리를 깎고 목에 칼을 써서 노예의 형색을 하고서 스스로 노나라 주가朱家에게 팔려갔다. 주가는 속으로 그가 계포인 것을 알아차리고 낙양에 가서 등공滕公(하후영夏侯嬰)을 뵙고 말하였다.

"계포에게 무슨 죄가 있습니까. 신하가 된 자는 누구나 자기의 주군을 위해 일할 뿐입니다. 계포는 인물이 출중하니 한나라에서 급히 찾아내려 하면 그는 북쪽 흉노에게로 도망을 치거나 남쪽 월越나라로 피신할 것입니다. 이는 우리가 장사壯士를 버리고 적국을 이롭게 해주는 결과가 아니겠습니까."

등공이 이를 고조에게 상달上達하니, 고조가 계포를 용서하고 불러들여 낭중郎中에 기용하였다.

한편 계포의 모제母弟 정공丁公도 항우의 장수가 되어 일찍이 고조를 팽성彭城 서쪽에서 괴롭힌 일이 있었다. 이때 정공이 단검을 휘두르며 핍박해 들어가니, 고조는 다급해하며 "우리는 양쪽 모두 출중한 인물들인데 어찌 서로에게 위해를 가하는가!"라고 하자 정공은 그냥 돌아가 버렸다. 천하를 통일한 뒤 정공이 고조를 알현하니 고조는 그를 포박한 채로 군중을 돌며 말했다.

"정공은 신하된 자로서 불충하여 항우로 하여금 천하를 잃게 만들었다."

마침내 정공의 목을 베고 말하였다.

"후세에 남의 신하된 자로 하여금 정공을 본받지 말도록 하라."

제齊나라 사람 누경婁敬이 고조에게 건의하였다.

"낙양은 천하의 중심이 되는 곳이니 임금에게 덕이 있으면 흥성하기 쉽지만, 덕이 없으면 망하기도 쉬운 곳입니다. 진秦나라 땅은 뒤쪽으로 산을 지고 둘레에는 하천을 끼고 있으며 사방이 요새처럼 막혀 있어 견고한 지형을 이루고 있습니다. 폐하께서 진나라 옛 수도에 터를 잡으시면 이는 천하의 목을 누르고 그 등허리를 후려치는 형국이 될 것입니다."

고조가 이 일을 장량에게 물으니 장량이 대답하였다.

"낙양은 사방에서 적이 쳐들어오기 쉬운 곳이라 결코 무력을 행사할 만한 지형은 되지 못합니다. 하지만 관중關中은 효산殽山과 함곡관 같은 요새가 왼쪽에 있고, 농주隴州와 촉주蜀州 같은 험지가 오른쪽에 있는 곳이지요. 삼면을 요새로 막고 수비를 하는 형세이니 누경의 말이 옳습니다."

고조는 그날로 서쪽으로 관중에 도읍을 정하였다.

장량은 병을 핑계로 벼슬을 사양하고, 불로 익혀 만든 음식을 먹지 않고 신선술을 추구하였다. 그가 한고조를 도와 천하를 평정하고 나서 공신을 봉할 때에, 고조가 그에게 마음대로 제齊나라 땅 안에서 3만 호戶를 골라잡으라고 하자 이렇게 말하였다.

"신은 당초 폐하와 진류陳留에서 만났으니, 이는 하늘이 폐하에게 신을 보내주신 것이었습니다. 진류의 땅만 봉해주시면 그것으로 충분합니다." 마침내 유후留侯에 봉해졌다.

이때에 와서 그는 문을 닫고 양생법을 닦으며 곡기穀氣를 끊고는 고조에게 말하였다.

"신의 가문은 대대로 한韓나라의 정승 벼슬을 하였는데, 한나라가 멸망을 당한 뒤 한나라를 위해 원수를 갚게 되었습니다. 이제 변설만을 가지고 제왕의 군사軍師가 되어 만호후萬戶侯에 봉해졌으니, 이는 포의布衣로서 더할 나위 없는 영광입니다. 원컨대 인간 사회의 잡다한 일들을 버려두고 적송자赤松子(선인仙人)를 따라 유유자적하고자 합니다."

한 고조漢高祖 6년(B.C. 201), 어떤 사람이 글을 올려 '초왕楚王 한신韓信이 반기를 들었다.'고 하였다. 여러 장수들이 말하기를 "군사를 동원해서 그놈을 파묻어버리면 그만입니다."라고 하니, 고조가 이 일을 진평에게 물었다. 진평은 다소 불안한 표정으로 답하였다.

"옛적에 천자가 순수巡狩를 하면서 제후들을 모이게 한 일이 있었습니다. 그러니 폐하께서도 일단 아무 일 없는 듯이 궁성 밖으로 나가시어 운몽雲夢 지역으로 가시는 척하면서 제후들을 진陳으로 모이게 하십시오. 그리고 그 기회에 한신을 잡아들이시면 한 사람의 역사力士가 하는 일 정도로 끝날 것입니다."

고조가 진평의 의견을 따라 제후들에게 고하기를 '진陳으로 모이도록 하라. 내가 장차 운몽에 나가볼 것이다.' 하였다.

진陳에 이르러 한신이 고조를 알현하자 고조는 무사들에게 명하여 한신을 결박한 다음 수행하는 수레에 그를 싣게 하였다. 그러자 한신이 말하였다.

"과연 그 사람(괴철)의 말이 맞는구나. 재빨리 뛰는 토끼가 죽으니 그것을 쫓던 사냥개는 잡아먹히는 신세가 되고, 하늘을 나는 새가 없어지니 그 새를 쏘던 좋은 활은 창고에 보관하며, 적국을 격파하니 작전을 도모하던 신하는 죽임을 당하는 법이다. 이제 천하가 평정되었으니 나 같은 신하는 마땅히 죽여버려야 하겠지."

고조는 한신에게 형틀을 채워 돌아온 뒤 사면하고 회음후淮陰侯로 삼았다.

일찍이 고조가 조용히 한신에게 여러 장수들의 군대 통솔력에 대해 물었는데, 그때 말하기를 "나 같은 사람은 얼마나 거느릴 수 있겠소?" 하니, 한신이 대답하였다. "폐하께서는 불과 10만 명밖에 거느리지 못할 것입니다." 고조가 말하기를 "그렇다면 그대는 어느 정도인가?" 하니, 한신이 답하기를 "신臣은 많으면 많을수록 더욱 잘 처리할 수가 있습니다." 하였다. 고조가 웃으며 말하기를 "많을수록 더욱 잘 처리를 한다면 어찌하여 나에게 잡혀왔소?" 하니, 한신이 대답하였다.

"폐하께서는 병졸들을 거느릴 줄은 모르시지만 장수를 거느리시는 것은 아주 잘하는 분이십니다. 이 점이 바로 신이 폐하께 잡혀오게 된 까닭입니다. 게다가 폐하께서 천하를 얻게 되신 것은 이른바 하늘이 내려준 것이라 할 수 있으니 인력人力으로 된 일은 아니옵니다."

고조가 천하를 평정하고 나서 부신符信을 쪼개어 공신들을 봉하였는데 이때 찬후酇侯 소하蕭何의 식읍이 유독 많았다. 그러자 공신들이 모두 불평하며 말하였다.

"신들은 싸움터에서 갑옷을 입고 무기를 들고 싸우며 많게는 백여 번, 적게는 수십 번의 교전을 하였습니다. 일찍이 소하는 싸움터에서의 혁혁한 전공〔汗馬之勞〕을 올린 일도 없이 단지 문묵文墨과 언사言辭를 맡아 처리하였을 뿐인데 도리어 신들보다 높은 자리에 올랐으니 이게 어찌된 일이옵니까?"

그러자 고조가 말하였다.

"그대들은 사냥에 관한 이치를 아는가. 달아나는 짐승을 좇아가 물어 죽이는 것은 사냥개이지만, 그 사냥개를 풀어 짐승을 좇아가 잡도록 지시하는 것은 사람이다. 그대들은 단지 달아나는 짐승을 잡았을 뿐이니 그 공이 사냥개에 해당하고, 소하는 그 공이 사냥개를 풀어 지시한 사람에 해당하는 것이다."

이 말에 신하들은 모두 더 이상 말을 하지 못하였다.

고조가 이미 큰 공신들의 봉작封爵은 끝을 내었으나 그 밖의 사람들은 서로가 공로를 다투고 있어 쉽사리 결말을 내지 못하고 있었다. 하루는 고조가 복도 위에서 밖을 내다보고 있었는데 여러 장수들이 여기저기 모래사장 위에 모여 앉아 이야기를 하고 있는 것이었다. 고조가 장량에게 그 연유를 물으니 장량이 대답하였다.

"폐하께서는 저들과 함께 싸워 천하를 얻으셨는데 지금 봉작 받은 사람들은 모두가 옛날부터의 친구이거나 친애하는 사람이었고, 주륙을 당한 사람들은 모두가 평소에 어떤 원한관계가 있던 경우였습니다. 저기 모여 있는 사람들은 그들이 빠짐없이 봉작을 받게 되지 못할까 걱정을 하고, 또 혹은 평소에 저지른 과실로 해서 의심을 받거나 처벌을 받게 될까 두려워 한 끝에 저렇게 모여 앉아 모반할 계획을 하고 있는 것입니다."

고조가 말하기를 "어찌하면 좋겠는가?" 하자, 장량이 또 아뢰었다. "폐하께서 평소에 미워하며 여러 신하들도 그것을 잘 아는 자 중에서 특히 더 두드러진 자가 누구입니까?" 고조가 말하기를 "옹치雍齒이다." 하니, 장량이 말하였다. "그러면 먼저 옹치부터 봉작을 하소서."

이에 옹치를 십방후什邡侯에 봉하고, 한편으로는 또 승상丞相과 어사御史를 독촉해서 장수들의 공로를 조사하고 평결하여 각각 봉작을 하게 하였다. 그러자 신하들은 모두 기뻐하며 말하기를 "옹치 같은 사람도 후侯가 되는데 우리가 무슨 걱정이 있겠는가." 하였다.

이후 조칙을 내려 한초漢初 원훈元勳 18명의 순서를 정하였다. 그리고 소하에게는 칼을 차고 신을 신은 채 전상殿上에 오르도록 하고, 입조入朝할 때에 추창趨蹌(허리를 굽히고 조심스레 걷는 걸음걸이)을 하지 않아도 되는 은전을 베풀었다.

고조의 아버지 태공太公의 지위를 높여 태상황太上皇이라 하였다.

고조는 진나라 때 백성들이 가혹한 법률에 시달렸던 일을 거울삼아 간략하고 평이한 법제를 만들었다. 그러자 신하들이 술만 먹었다 하면 자기들의 공로를 다투고, 간혹 술에 취하면 함부로 큰 소리를 지르거나 칼을 뽑아 기둥을 치는 등 난동을 하였다. 이에 숙손통叔孫通이 고조에게 건의하였다.

"유자儒者는 함께 칼을 들고 나아가 천하를 취하는 데는 적당하지 않지만, 창업을 한 뒤 그것을 잘 이어가는 데는 함께 의논할 만합니다. 그러니 노魯나라 선비들을 불러들여 조정의 의식儀式을 함께 일으키도록 하심이 좋겠습니다."

고조가 그의 건의를 받아들였다.

이때 노나라에 두 유생儒生이 있었는데 조정에 나아가기를 거부하며 말하기를 "예악禮樂은 덕을 쌓은 뒤에 일으킬 수 있는 것이다." 하였다. 그러자 숙손통은 불러온 학자들과 고조의 측근들, 그리고 자신의 제자 백여 명과 함께 야외野外에서 목면木棉으로 끈을 매어 의식을 연습하게 하였다.

한 고조漢高祖 7년(B.C. 200), 장락궁長樂宮이 낙성되자 제후와 신하들이 모두 조정에 나아가 하례賀禮하였다. 이때 의식을 맡은 관원이 그 절차를 정리하여 제후 · 왕 이하 육백석六百石 관리에 이르기까지 차례대로 인도하여 하례를 올리게 하니, 모두 두려워 떨며 엄숙히 경의를 표하지 않는 이가 없었다. 의식을 마치고 주연을 베풀었는데, 어사御史와 법을 집행하는 자들이 의식에 어긋나는 행동을 하는 자를 적발하여 곧바로 끄집어내었다. 그러자 조하례朝賀禮가 끝나고 연회를 마칠 때까지 감히 시끄럽게 굴거나 예의에 어긋나는 행동을 하는 자가 생기지 않았다. 고조가 말하기를 "나는 오늘에야 비로소 황제로서의 존귀함을 알았다." 하고는 숙손통을 태상太常에 임명하였다.

흉노가 변경을 침략하자 고조가 직접 군대를 거느리고 이들을 공격하였다. 이때 흉노의 왕인 묵특선우冒頓單于가 대속代谷에 거주하고 있다는 소식을 듣고, 30만 명의 군사를 모조리 이끌고 북쪽으로 추격하여 평성平城까지 이르렀다. 이에 묵특은 정예 기병 40만 명으로 백등白登에서 7일 동안이나 고조의 군사를 포위하였다. 고조가 진평의 밀계를 써서 묵특의 부인 알씨閼氏에게 몰래 많은 뇌물을 바치니 묵특이 이에 포위를 풀고 돌아갔다. 진평은 고조를 따라 정벌을 하는 동안 모두 여섯 차례의 묘책을 썼는데, 그때마다 고조가 봉읍을 더해주었다.

한 고조漢高祖 9년(B.C. 198), 유경劉敬(누경婁敬)을 흉노에 사신으로 보내 화친을 맺고, 평민의 딸을 데려다가 공주公主라고 이름 붙여 선우에게 시집을 보내었다.

한 고조漢高祖 10년(B.C. 197), 대代의 상국相國 진희陳豨가 모반하니 고조가 직접 군사를 거느리고 공격하였다. 이때 회음후淮陰侯 한신韓信의 사인舍人을 맡고 있던 자의 아우가 '한신이 몰래 진희와 모반을 꾀하고 있다.'고 상변上變하였다. 이에 여후呂后가 소하蕭何와 상의하여, 진희는 이미 패해서 죽어버렸다고 사칭하면서 한신을 속여 들어와 치하하도록 하였다. 그러고는 무사를 시켜 한신을 체포하고 참수하게 하였다. 한신이 말하였다.

"내가 일찍이 고조를 배신하고 천하를 삼분하라던 괴철의 계책을 따르지 않았기 때문에, 저 보잘것없는 아녀자에게 속아 이런 꼴을 당하게 되는 것이 후회스럽다."

결국 한신의 삼족을 모두 멸하였다.

한 고조漢高祖 11년(B.C. 196), 고조가 진희를 쳐부수고 경사로 돌아왔다. 얼마 후 고조는 한신이 '괴철의 계책을 따르지 않았던 것을 후회한다.'고 했던 말을 듣고, 조서를 내려 괴철을 잡아오게 하였다. 괴철이 도착하자 그를 삶아 죽이려 하니 괴철이 말하였다.

"진秦나라가 그 사슴(천자의 지위)을 잃었을 때 천하의 호걸들이 모두 이것을 잡으려고 싸움을 하였습니다. 그러나 그중에서도 출중한 재질과 신속한 전술을 가지고 있던 사람만이 결국 이를 쟁취할 수가 있었지요. 당시에 신은 오직 한신 한 사람만을 알았을 뿐 폐하를 전혀 알지 못하였습니다. 그때 천하에는 폐하께서 이

룩하신 사업을 자기들도 한번 이룩해보려는 사람들이 매우 많았으나 모두 역량이 미치지를 못하였습니다. 그러니 이들을 남김없이 모두 찾아내어 죽이는 것이 가능한 일이겠습니까."

그러자 고조가 그를 사면해주었다.

양왕梁王 팽월彭越의 태복太僕이 '팽월의 부장 호첩扈輒이 팽월에게 권하여 모반을 하게 하였다.'고 상변하였다. 고조는 군사를 보내 팽월을 엄습掩襲하여 잡아 가두게 하였는데, 조사를 해보니 모반의 행적이 과연 많이 있었다. 그러나 고조는 팽월을 사면하여 촉蜀에서 살도록 하였다. 여후가 말하기를 "이렇게 하면 스스로 우환을 남기게 되는 것입니다." 하니, 결국 팽월을 죽이고 그의 삼족을 멸하였다.

육가陸賈를 보내 남해군南海郡의 위尉였던 조타趙佗를 세워 남월왕南粵王으로 삼으니, 조타가 신하를 칭하며 한나라와의 약속을 존중하였다. 육가가 돌아와 복명復命하자 고조는 그에게 태중대부太中大夫를 제수하였다. 육가는 때때로 고조 앞에 나아가 《시경詩經》·《서경書經》에 관련된 이야기를 하였는데, 고조가 그를 꾸짖으며 "나는 달리는 말 위에서 천하를 얻은 사람이오. 어찌 《시경》·《서경》 따위를 생각할 필요가 있겠소." 하니, 육가가 대답하였다.

"폐하께서는 과연 말 위에서 천하를 얻으셨습니다만, 어찌 말

육가陸賈

위에서 천하를 다스릴 수 있겠습니까. 문文과 무武를 아울러 잘 활용하는 것이 오래도록 이 나라를 보전하는 방법입니다. 만약 진秦나라가 천하통일을 한 뒤에 인의仁義를 행하고 또 선대先代 성왕聖王들의 자취를 본받았다면 폐하께서 어찌 천하를 얻을 수가 있으셨겠습니까."

고조가 말하였다.

"그렇다면 나를 위해 한번 진나라가 천하를 잃게 된 연유와 내가 천하를 얻게 된 배경과, 옛날 제왕들의 성패成敗에 관한 자취를 정리해서 기록해보라."

육가陸賈가 12편을 저술하니, 상주할 때마다 고조가 칭찬을 하고 그 이름을 《신어新語》라고 하였다.

회남왕淮南王 경포黥布는 고조가 한신을 죽이고 팽월도 소금에 절여 죽이는 것을 보고서, 그들과 함께 공을 세운 자신도 같은 화를 당하지나 않을까 의심을 한 끝에 결국 반란을 일으켰다. 고조가 직접 군사를 거느리고 그를 공격하였다.

한 고조漢高祖 12년(B.C. 195), 고조가 경포를 쳐부수고 돌아오다가 노나라를 지날 적에 태뢰太牢를 갖추어 공자孔子에게 제사를 올렸다. 고향인 패沛에 들러 주연을 베풀고 일가친척과 옛 친구들을 불러 술을 마셨는데, 연회가 무르익자 스스로 노래를 불렀다.

큰 바람 천하에 일어남이여
구름 떼를 모조리 날려버렸네
위엄을 해내海內에 덮어가면서
고향에 다시금 돌아오도다
어찌하면 앞으로 용사를 얻어
사방을 튼튼히 지키게 할꼬

고조는 패沛의 젊은이들에게 이 노래를 익히게 하고, 패를 탕목읍湯沐邑[11]으로 삼았다.

이보다 앞서 척희戚姬라는 여인이 고조의 총애를 받아 조왕趙王 여의如意를 낳으니, 여후呂后와 소원해지지 않을 수가 없었다. 한편 여후가 낳은 태자의 인품은 어질고 약한데, 척희가 낳은 여의는 고조와 매우 흡사하였으므로 고조는 태자를 폐하고 여의를 대신 세우고자 하였다. 여러 신하들이 반대하며 간쟁을 하였으나 모두 관철되지 않았다. 여후가 장량에게 사람을 보내 계책을 내도록 강요하니, 장량은 이렇게 대답하였다.

"이 일은 말을 가지고 해결하기가 쉽지 않은 사안입니다. 돌아보건대 지금 폐하께서 불러다 쓰시려 해도 불러올 수가 없는 인물 네 사람이 있는데, 그들의 이름은 동원공東園公 · 기리계綺里季 · 하황공夏黃公 · 녹리선생甪里先生입니다. 이들은 폐하께서 사류士流를 업신여기고 계시는 까닭에 산속으로 달아나 숨어 있으면서 의리를 지켜 한나라의 신하 노릇을 하지 않고 있습니다만, 폐하께서는 이 네 사람을 아주 높이 평가하고 계십니다. 이제 태자로 하여금 그들에게 편지를 쓰게 해서 겸손한 말과 편안한 수레로 간절하게 청탁을 한다면 그들은 마땅히 산에서 내려와 빈객이 되어줄 것입니다. 이후 때때로 그들을 데리고 조정에 들어

---

11) 탕목읍湯沐邑 : 천자가 그 읍에서 나는 부세賦稅를 가지고 목욕 비용에 충당하기 위해 책정한 채읍采邑을 말한다.

가 폐하께 그들을 뵙게 하면 이것도 하나의 방책이 되지 않을까 싶습니다."

여후가 그 말을 따랐다.

이때(12년)에 이르러 고조가 경포를 치고 돌아와 더욱더 태자를 바꿔보려는 생각을 하였다. 어느 날 궁중에 연회를 베풀어 태자도 참석을 하게 되었는데, 여기에 장량이 불러오게 한 네 사람이 따라 들어와 있었다. 그들은 나이가 모두 80여 세에 수염과 눈썹이 희고 의관도 아주 성대하였다. 고조가 이를 보고 괴이쩍어 물으니, 네 사람은 앞으로 나와 대답하며 각자 성명을 말하였다. 고조가 크게 놀라 말하였다.

"내가 그동안 몇 해를 두고 공들을 찾았건만 공들은 모두 나를 피해가 있더니 이제 어디에 있다가 우리 태자를 따라 빈객이 되었는가."

네 사람이 아뢰었다.

"폐하께서 사류士類를 가벼이 여기시고 책망을 잘 하시기에 신들은 의리를 지키며 욕되게 살지를 않으려 하였습니다. 그런데 이제 들으니 태자께서는 품성이 인효仁孝하고 몸가짐이 공경하며 또 사류들을 사랑하므로, 천하의 민심이 모두 목을 늘이고 태자를 위하여 죽고자 하지 않는 자가 없다고 합니다. 그리하여 신들도 이렇게 찾아오게 된 것입니다."

이에 고조가 말하였다.

"공들은 수고를 아끼지 말고 끝까지 태자를 잘 돌보아주기 바란다."

네 사람이 나가자 고조는 척부인戚夫人을 불러 이렇게 지시하였다.

"내가 태자를 바꿔보려 하였지만, 저 네 사람이 태자를 잘 보좌해서 우익羽翼이 이미 형성되어 있는 상태이니 어떻게 해볼 수가 없구나."

소하가 장안長安은 땅이 좁고 상림원上林苑에 황구지로 버려진 곳이 많은 까닭에 백성들이 들어가서 밭을 갈아먹게 하기를 청하였다. 고조가 크게 노하여 소하를 정위廷尉로 보내어 구속하였다가 며칠 후에 풀어주었다.

고조가 경포를 치다가 유시流矢에 맞아 병환이 심하게 되었다. 여후가 묻기를 "폐하께서 백세까지 하신 뒤에 상국相國 소하가 죽게 되면 누가 그를 대신할 만하겠습니까." 하니, 고조가 말하였다.

"우선 조참曹參이 할 만하고 다음은 왕릉王陵인데, 그는 다소 우직한 면이 있으니 진평陳平이 도와주도록 하면 좋을 것이다. 그런데 진평은 지혜는 넉넉하지만 단독으로 일을 맡기기에는 어려운 사람이다. 주발周勃은 중후한 인품에 겉치레가 적은 사람이라 그에게 태위太尉를 맡길 만하니, 유씨劉氏를 편안케 할 사람은 반드시 주발일 것이다."

여후가 다시 그 다음을 물으니, 고조는 "그 뒤의 일은 당신이 알 바가 아니오." 하였다.

고조가 붕어하므로 장릉長陵에 장사하였다. 고조가 군왕君王으로 있은 것이 4년이고 제왕帝王으로 있은 것이 8년이니, 모두 12년이었다. 태자가 즉위하니 바로 효혜황제孝惠皇帝이다.

2) 효혜황제孝惠皇帝

효혜황제孝惠皇帝의 이름은 영盈이고 어머니는 여태후呂太后이다.

즉위 원년(B.C. 194)에 태후가 조왕趙王 여의如意에게 짐주鴆酒를 먹여 죽이고, 또 척부인戚夫人의 수족을 자른 뒤 눈을 도려내고 귀를 불로 지지며, 벙어리가 되는 약을 먹인 뒤에 그를 뒷간에 놓아두게 하였다. 그러고는 이를 인시人彘라고 명명하면서 혜제를 불러 구경하게 하니 혜제가 깜짝 놀라 크게 울다가 이내 병이 들어 1년여 동안이나 일어나지 못하였다.

한 혜제漢惠帝 2년(B.C. 193), 상국相國 찬후酇侯 소하蕭何가 죽으니 조참曹參으로 상국을 삼았다. 이보다 앞서 조참이 소하가 죽었다는 말을 듣고 사인舍人을 불러 서둘러 여장을 차리게 하면서 "내가 장차 들어가 정승이 될 것이다."라고 하더니 과연 소명召命이 있었다. 조참이 소하의 자리를 대신하며 모든 일을 한결같이

조참曹參

소하가 정해놓은 법규대로 하니, 백성들은 기뻐하며 노래하였다.

소하의 정사법이
한결같이 분명하더니,
조참이 대를 이어
잃지 않고 잘 지켰네
일마다 맑고 밝아
백성들이 편안하네

한 혜제漢惠帝 5년(B.C. 190), 상국相國 평양후平陽侯 조참曹參이 죽었다.

한 혜제漢惠帝 6년(B.C. 189), 왕릉王陵으로 우승상右丞相을 삼고, 진평陳平으로 좌승상左丞相을 삼았다.

유후留侯 장량張良이 죽었다.

주발周勃로 태위太尉를 삼았다.

한 혜제漢惠帝 7년(B.C. 188), 혜제가 붕어하므로 안릉安陵에 장사하였다. 혜제에게 아들이 없었는데 여후가 다른 여자의 자식을 데려다 태자로 삼았다가, 혜제가 죽자 그를 즉위시켰다. 여후가 조정에 임하여 천자를 대신해 정사를 행하였는데, 원년에 여후가 여씨 일족을 왕으로 봉하는 일을 의논하게 하였다. 그러자 왕릉王陵이 말하였다.

"고제高帝께서 일찍이 흰 말을 죽여 맹세하시기를 '우리 유씨劉氏가 아니고서 천하에 왕이 되려는 자가 있으면 다 함께 이를 쳐부숴도 좋다.' 하신 일이 있습니다."

여후가 다시 진평과 주발에게 묻자 두 사람이 가능하다고 하였다. 왕릉은 재상 자리에서 물러났고 마침내 여씨 일족이 왕이 되었다.

소제少帝 공恭 4년(B.C. 184), 여태후가 소제를 폐하고 가두어

주발周勃

죽인 다음, 항산왕恒山王 의義를 세워 황제로 삼고 이름을 홍弘으로 고쳤다. 이 역시 다른 여인이 낳은 아들을 데려다가 혜제惠帝의 아들이라 사칭한 사람이었다.

소제少帝 홍弘 8년(B.C. 180)[12], 여태후가 붕어하자 여씨 일족이

12) 소제少帝 공恭과 홍弘 두 사람의 재위 기간이 총 8년인데, 이를 묶어서 8년이라 한 듯하다.

반란을 일으키려 하였는데, 이때 여록呂祿은 북군北軍을 이끌고, 여산呂產은 남군南軍을 이끌어 지휘하니 태위太尉 주발周勃이 군사를 움직일 수가 없었다. 진평陳平과 주발周勃은 역기酈寄를 보내 여록呂祿을 설득하여 인수印綬를 풀어 군대를 주발에게로 넘겨주도록 하였다. 이에 주발이 군문으로 들어가 명령하기를 "여씨를 위해 싸울 자는 오른쪽 어깨를 내보이고, 유씨를 위해 싸울 자는 왼쪽 어깨를 내보이라!" 하니, 병사들이 모두 왼쪽 어깨를 내보였다. 마침내 주허후朱虛侯 유장劉章을 불러 그에게 군사 1천여 명을 주어 여산을 쳐서 죽이게 하였다. 주발은 다시 부서를 나누어 여씨 일족을 남김없이 잡아들여 노소를 막론하고 모두 죽여버렸다.

여러 대신들이 대왕代王 항恒을 맞이하여 옹립하니, 왕이 서쪽을 향하여 세 번 사양하고 남쪽을 향하여 두 번 사양하였다. 마침내 제위에 나아가 여후가 세운 아들 홍弘 등을 죽이고 천하에 사면령을 내리니, 바로 태종太宗 효문황제孝文皇帝이다.

3) 효문황제孝文皇帝

효문황제孝文皇帝의 이름은 항恒이고 어머니는 박씨薄氏이다. 박씨가 꿈에 용이 가슴을 파고드는 것을 보고서 문제를 낳았으니, 즉위한 뒤에 어머니를 높여 황태후皇太后로 하였다.

한 문제漢文帝 원년(B.C 179), 진평陳平으로 좌승상을, 주발周勃

로 우승상을 삼았다.

당시 천리마를 바치는 사람이 있었는데 문제가 말하였다.

"방울 달린 기〔鸞旗〕가 앞에 있고 속거屬車가 뒤에 있어서 순수巡狩할 때엔 하루 50리, 출정出征할 때엔 하루 30리를 가니, 내가 천리마를 탄다고 한들 혼자서 어디로 갈 것인가."

이에 그 말과 도중의 노비路費를 돌려주며 조서를 내렸다.

"나는 헌상을 받지 않을 것이니, 천하의 백성들에게 물건을 바

한 문제漢文帝

문제文帝가 천리마千里馬를 물리치다

치는 일이 일체 없도록 하라."

문제는 국가의 모든 일을 더욱 분명하게 살폈는데, 어느 날 조회를 받다가 우승상 주발에게 물었다.

"전국에서 1년 동안에 옥사獄事를 판결하는 건수가 얼마나 되는가?"

주발이 송구스러운 표정으로 모른다고 하자 문제가 또 물었다.

"그러면 1년 동안에 전곡錢穀의 수입과 지출은 얼마나 되는가?"

주발은 또 모른다고 사죄하며 황공한 나머지 땀이 흘러 등골을 적시었다.

문제가 좌승상 진평에게 물으니 진평이 대답하였다.

"정무에는 각각 책임자가 있사옵니다. 그러니 옥사의 처리에 관한 것을 묻고자 하신다면 정위廷尉에게 물으시고, 전곡의 수출입에 관한 일을 묻고자 하신다면 치속내사治粟內史에게 묻도록 하십시오."

문제가 말하였다.

"그렇다면 그대가 주관하는 일은 무엇인가?"

진평이 송구스러운 표정으로 아뢰었다.

"폐하께서 신으로 하여금 외람되이 재상 자리를 맡아보게 하시니, 재상이라고 하는 자리는 위로는 천자를 보좌하면서 음양을 다스려 사계절이 순조롭게 돌아가도록 하며, 아래로는 만물이 모두 적절히 생육하도록 하면서, 밖으로 여러 이민족들을 진무鎭撫

하고 안으로 백성들이 마음으로 친근히 여기고 귀부할 수 있도록 하여 경대부들이 각각 그 직책을 수행하게 하는 자리입니다."

문제가 훌륭한 답변이라고 진평을 칭찬하였다. 주발은 매우 부끄럽게 여긴 나머지 병을 핑계로 재상을 그만두었다.

하남태수河南太守 오공吳公의 치적이 천하에 제일이었으므로 그를 불러들여 태위廷尉를 삼았다. 오공이 낙양洛陽 사람 가의賈誼를 천거하였는데, 그는 나이가 20여 세로 1년 만에 파격 승진하여 태중대부太中大夫가 되었다.

한 문제漢文帝 2년(B.C. 178), 승상 곡역후曲逆侯 진평이 죽었다.

천하의 금년 농사 중에서 반절 분량의 전조田租(세금)를 감면해 주었다.

한 문제漢文帝 3년(B.C. 177), 장석지張釋之로 정위廷尉를 삼았다. 문제가 한번은 장안長安 교외의 중위교中渭橋를 지나가는데 어떤 자가 다리 밑에서 튀어나와 어가御駕의 말이 놀라 날뛰었다. 이 자를 붙잡아 정위에게 처벌하게 하니, 장석지가 어가의 앞길을 범한 죄는 벌금형에 해당된다고 하였다. 문제가 처벌이 너무 가벼움에 진노하자 장석지가 아뢰었다.

"법이 이러한데 고쳐서 그를 중벌로 다스린다면 우리의 법은 백성에게 신뢰를 얻지 못하게 될 것입니다. 또 정위는 천하의 법을 공평하게 다스리는 직책이니, 그 법이 한쪽으로 기울어지게 되면 천하에 법을 운용하는 자들이 모두 이에 따라 경중을 삼게 될 것입니다. 이렇게 되면 백성들이 무엇을 근거로 처신할 수가 있겠습니까."

문제가 한참을 있다가 말하였다.

"정위의 처분이 옳다."

그 후 어떤 자가 고조高祖의 묘廟에서 옥고리를 훔쳐가는 사건이 일어났다. 그자를 잡아 정위에게 처벌하게 하니, 장석지는 그 죄가 기시棄市에 해당한다고 하였다. 문제는 처벌이 너무 가벼움에 진노하며 말하였다.

"그 사람이 선제의 기물을 훔쳤으니 나는 그의 일족을 멸하고자 하는데 정위가 법의 원칙만 가지고 말하니 이는 내가 지성至誠으로 종묘를 받드는 뜻이 아니다."

이에 장석지가 아뢰었다.

"종묘의 기물을 훔쳤다고 해서 그 일족을 멸한다면, 만약 어리석은 백성이 장릉長陵의 흙 한 줌을 집어냈다고 할 경우에는 그 법을 어떻게 적용해야 하겠습니까."

결국 문제는 정위의 건의를 따랐다.

한 문제漢文帝 6년(B.C. 174), **회남왕**淮南王 **유장**劉長**이** 모반을 하므로, 그를 폐하여 촉蜀으로 유배하였는데 가는 도중에 죽었다.

백성들은 이 사실을 두고 이런 노래를 불렀다.

한 자의 옷감도 꿰맬 수가 있고
한 말의 곡식도 찧을 수가 있건만
형제 두 사람은 서로를 용납지 못하네

문제가 이 노래를 듣고 근심을 하다가 훗날 네 아들을 봉하여 후侯로 삼았다.

흉노의 묵특선우冒頓單于가 죽었다.

가의로 양왕梁王의 태부太傅를 삼았다. 이보다 앞서 문제가 가의를 공경公卿의 반열에 올려놓으려 하였는데, 이때 대신 중에 그의 단점을 들어 반대하는 사람이 많았다. 그래서 문제는 그를 장사왕長沙王의 태부로 보냈는데, 이때에 와서 양왕의 태부로 전임시킨 것이다. 어느 날 가의가 문제에게 상소하기를 "지금 우리나라의 상황으로 볼 때 통곡을 할 만한 일이 한 가지요, 눈물을 흘릴 만한 일이 두 가지며, 장탄식長太息을 할 만한 일이 여섯 가지가 있습니다."라고 하였다.

한 문제漢文帝 10년(B.C. 170), 문제의 외삼촌 박소薄昭가 한漢나라 본국에서 보낸 사자使者를 죽였다. 문제가 차마 박소를 죽이지는 못하고 공경 대신들에게 명하여 상복을 입고 박소의 처소로 가서 조곡弔哭을 하도록 하니, 박소가 스스로 목숨을 끊었다.

한 문제漢文帝 12년(B.C. 168), 농민들의 금년 전조田租 반절을 감면해주었다.

한 문제漢文帝 13년(B.C. 167), 태창령太倉令 순우의淳于意가 죄를 범하였는데 그 형량이 육형肉刑에 해당하였다. 이에 그의 어린 딸 제영緹縈이 문제에게 상소를 올렸다.

"한번 죽은 자는 다시 살아날 수 없고, 형벌刑罰을 당하여 몸이 잘린 자는 다시 붙여놓을 수가 없습니다. 원컨대 저를 관아에서 거두어 관비官婢로 삼아서 아비의 죄를 갚을 수 있도록 해주십시오."

문제는 효녀의 말을 가련하게 생각하여, 조서를 내려 육형 제도를 없애게 하였다.

전지田地의 조세租稅를 면제하였다.

한 문제漢文帝 15년(B.C. 165), 위양渭陽의 오제묘五帝廟를 지었다.

한 문제漢文帝 16년(B.C. 164), 황제가 친히 토지신에게 제사를 지내고, 신원평新垣平으로 상대부上大夫를 삼았다.

조서를 내려 다음 해를 〈후後〉 원년元年으로 고쳤다.

한 문제漢文帝 후後 원년元年(B.C. 163), 신원평이 주살을 당하였다.

한 문제漢文帝 후後 6년(B.C. 158), 흉노가 상군上郡과 운중雲中 일대를 침략해왔다. 문제는 장군 주아부周亞夫에게 조칙을 내려 세류細柳에 주둔하게 하고, 유례劉禮를 패상霸上에, 서려徐厲를 극문棘門에 머무르게 하여 오랑캐의 침입에 대비하였다.

주아부周亞夫

어느 날 문제가 직접 군사들을 위문할 생각으로 패상과 극문의 군영에 이르렀는데, 곧바로 말을 달려 군문으로 들어가니 대장 이하 장병들이 모두 말을 타고 나와 영접과 송별을 하였다. 얼마 있다가 세류로 가서 먼젓번과 같이 들어가려 하였는데 경계가 엄중하여 들어갈 수 없었다. 앞에서 인도하는 자가 외치기를 "천자의 행차가 오시느니라." 하니, 군문도위軍門都尉가 답하기를 "군중에서는 장군의 영을 따르는 것이지, 천자의 조칙은 듣지 않는 것이오." 하였다. 문제가 사자를 보내 부신符信을 가지고 가서 장군에게 칙명을 전하게 하니, 주아부는 그제야 명을 내려 군문을 열도록 하였다. 그러나 이번에는 문지기 병사가 또 어가를 호위하는 기사에게 말을 하였다. "우리 장군께서는 영내에서 함부로 말을 달리지 못하도록 단속하고 계십니다." 문제가 이에 말고삐를 당겨 서서히 행진하여 영내로 들어가 위문의 예를 마치고 떠나니, 여러 신하들이 모두 놀라워하였다. 문제가 말하기를 "아! 이 사람이야말로 참으로 장군이로다. 지난번 패상과 극문에서 본 군기는 어린애들 장난과 같구나." 하였다.

한 문제漢文帝 후後 7년(B.C. 157), 문제가 붕어하므로 패릉霸陵에 장사하였다. 재위가 23년이었다. 문제는 재위 기간 중에 궁실과 원유苑囿, 거기車騎와 의복 등을 기존보다 더한 것이 없었다. 한번은 노대露臺를 만들어보고자 장공을 불러 비용을 계산해보게 하니 그 수치가 백금百金이나 되었다. 문제는 "중산계층 집안 열

문제文帝가 존귀함을 굽히고 장졸將卒들을 위로하다

가구의 재산에 해당하는 수치이다. 어찌 이렇게 많은 재물을 쏟아가며 대를 만들 수가 있겠는가." 하고 중지하였다. 본인은 굵고 거친 옷감으로 만든 옷을 입고, 총애하는 신부인愼夫人은 땅에 끌리지 않을 정도의 짧은 옷을 입는 등 질박한 모습을 보이니 천하의 솔선이 되었다.

한번은 오왕吳王이 내조來朝하지 않자 궤장几杖을 사여하였고, 또 장무張武가 뇌물을 받자 도리어 상금을 내려줌으로써 그 마음을 부끄럽게 하여 오로지 덕으로 백성을 교화하는 데 힘썼다. 그러자 당시 공경대부들의 풍류도 독실하고 후박하게 되어 다른 사람의 허물을 말하는 것을 부끄럽게 여기니 위아래가 모두 풍속을 이루게 되었다. 이 때문에 온 천하가 편안하고 집집마다 넉넉하여 후세에 이 치세를 따를 만한 자가 없었다. 이어서 태자가 즉위하니 바로 효경황제孝景皇帝이다.

4) 효경황제孝景皇帝

효경황제孝景皇帝의 이름은 계啓이다.

즉위 원년(B.C. 156)에 승상 신도가申屠嘉가 아뢰기를 "공적은 고황제高皇帝보다 크게 이룬 분이 없으니, 마땅히 그 묘廟를 한漢나라 태조太祖의 묘로 해야 할 것입니다. 그리고 덕업은 효문황제孝文皇帝보다 성대한 이가 없으니 마땅히 그 묘를 한나라 태종太宗의 묘로 해야 할 것입니다."[13] 하였다. 경제가 조칙하여 "그렇게 하라." 하였다.

한 경제漢景帝

백성의 전지田地에서 거두는 반절의 조세를 면제하고, 그 세율을 30분의 1로 하였다.

경제가 태자로 있을 때 조조鼂錯가 가령家令이 되어 총애를 받

13) 공적은……것입니다 : 천자는 칠묘七廟로서 후대後代의 왕王이 차례대로 조천祧遷(신주를 태조太祖의 묘廟로 옮김)을 하나, 오직 태조는 백세토록 천묘遷廟를 하지 않는다. 그리고 태종太宗은 복제服制가 다할 때까지 조천祧遷하지 않는다.

으니, 태자의 가문에서는 그를 지낭智囊(지혜 주머니)이라 불렀다. 경제가 즉위하자 조조는 내사內史가 되어 자주 좌우를 물리치고 독대할 것을 청하며 시사時事를 말하였고, 경제는 이를 번번이 들어주었다. 그리하여 조조에 대한 총애가 구경九卿을 압도할 정도가 되었고, 법령 가운데에는 그의 건의로 개정된 것도 많이 있었다.

이보다 앞서 효문제孝文帝 때에 오왕吳王 비濞의 태자가 본국에 들어와 문제를 뵙고, 주연에 참석하여 황태자와 함께 술을 마시고 바둑을 둔 일이 있었다. 그러다가 바둑알을 놓는 문제로 시비하다가 오왕의 태자가 불경스런 언동을 하므로, 황태자가 바둑판을 들어 그를 때려죽이는 사건이 일어났다. 그러자 오왕 비는 병을 핑계로 입조를 하지 않았다. 이후 조조는 여러 차례 오왕의 과실을 건의하며 그의 영지를 삭감해야 한다고 하였으나, 문제는 차마 그럴 수 없다고 하였다. 문제가 죽고 경제가 즉위하자 조조가 말하였다.

"오왕이 천하의 망명인들을 끌어들여 그들과 함께 모반을 기도하고 있습니다. 그러니 그들은 이제 영지를 삭감해도 반란할 것이고, 삭감하지 않아도 반란할 것입니다. 그러나 삭감을 하면 반란은 속히 일어나겠지만 국가에 미치는 화는 적게 끝이 날 것이고, 반대로 삭감을 하지 않으면 반란은 더디 일어나겠지만 대신 화가 크게 미치게 될 것입니다."

이에 경제가 공경, 제후와 종친들을 모아놓고 토론을 하게 하였으나 아무도 감히 조조의 말에 이의를 제기하는 사람이 없었다. 조조가 또 말하기를 "초楚와 조趙도 죄가 있습니다." 하므로 각각 1군씩을 삭감하고, "교서膠西도 간계를 꾸미고 있습니다." 하므로 6현을 삭감하였다. 그러다가 '오吳의 회계會稽 · 예장豫章 두 군을 삭감한다.'는 칙서가 내려가자 드디어 오왕이 반기를 들었다. 이때 교서膠西 · 교동膠東 · 치천菑川 · 제남濟南 · 초楚 · 조趙 등 6국은 모두 오나라와 선약이 되어 있었으므로 오왕의 반란에 맞추어 그들도 합세를 하였다. 한편 제왕齊王은 처음에 동조하기로 약속하였지만 뒤에 이를 뉘우치고서 선약을 배반하고 성을 지키고 있었다.

이보다 앞서 문제는 임종이 가까워졌을 때 황태자(경제)에게 훈계하기를 "장래에 만약 위급한 일이 닥치게 된다면 그때에는 주아부周亞夫가 진실로 대장의 직을 맡길 만할 것이다." 하였다. 이때에 이르러 오 · 초 7국의 난이 일어나자 경제는 주아부를 태위에 임명하여, 36명의 장군을 이끌고 가서 오 · 초를 치게 하였다.

한편 조조는 평소 원앙袁盎과 사이가 좋지 않았는데, 이때 원앙이 경제에게 말하기를 "다만 조조 하나를 죽이고 제후들의 옛 영지를 회복시켜주기만 하면 이 싸움은 칼에 피를 묻히지 않고도 끝낼 수 있을 것입니다." 하였다. 이렇게 해서 조조는 동쪽 저자에서 허리를 잘려 죽고 그의 부모와 처자, 동복형제들까지 노소를 불문하고 모두 기시棄市를 당하였다. 이어서 주아부가 오·초를 크게 쳐부수니 여타의 반군들도 모두 평정이 되었다.

주아부는 뒤에 승상이 되어 조후條侯에 봉해졌으나, 경제에게 간쟁諫爭을 하다가 심기에 거슬려 파직을 당하였다. 경제는 말하기를 "주아부는 이번 처사에 대해 마땅치 못하다는 생각을 하는 모양인데, 그렇다면 그를 어린 황태자의 신하로서 남겨줄 수 없다." 하였다. 마침내 어떤 사람의 무고를 받아 하옥되니 분개함에 음식을 먹지 못하고 피를 토하며 죽었다.

한漢 왕조가 일어난 뒤로 국가에서는 여러 가지 번잡하고 가혹한 법령들을 정리하면서 백성들과 휴식을 하고 있었다. 이 가운데 효문제孝文帝는 특히 공손하고 검소한 자세로 정사에 임하였고, 이어서 경제景帝가 왕조의 기업을 계승하고 5, 60년쯤 흐르게 되어서는 여러 가지 풍속들이 달라지고 바뀌어, 백성들은 순후해지고 국가는 무사태평을 구가하게 되었다.

집집마다 살림이 넉넉하고 도시와 농촌의 곳집에는 곡식들이 가득 차며 창고에는 재물이 남아돌았고, 서울로 모여든 돈이 누만금이나 되고 그 돈의 꾸러미들이 낡고 썩어서 일일이 계산할 수가 없을 지경이었다. 또 큰 곡식창고에는 묵은 곡식들이 계속 쌓이고 넘쳐서 이것들을 창고 밖으로 노적한 것이 썩고 남는데도 다 먹을 수가 없을 정도였다. 아전들은 충분히 자손을 기를 수가 있었고, 관료들은 본인의 직책으로 성씨姓氏의 칭호를 삼는 경우가 있었으므로 창씨倉氏니 고씨庫氏니 하는 성이 생겨났다. 사람들은 모두 스스로의 염치를 생각할 정도가 되어 나라의 법 질서를 어기는 일도 별로 없게 되었다.

그러나 이 때문에 국가의 법망法網은 오히려 풀어지게 되는 면이 있고, 백성들은 또 재물이 넉넉하게 쌓이다 보니 간혹 분수없이 교만해지기도 하였다. 백성들의 토지를 겸병兼倂하는 무리들은 향촌 부곡에서 멋대로 무단武斷을 자행하고, 종실은 함부로 토지를 소유하였으며, 공경 이하의 대신들은 사치에 한도가 없었다. 사물이 성한 뒤에 쇠하는 것은 실로 자연변화의 법칙인 것이다.

경제가 붕어하니, 재위가 16년이었다. 중원中元과 후원後元이 있었다. 태자가 즉위하니 바로 세종世宗 효무황제孝武皇帝이다.

5) 효무황제孝武皇帝

효무황제孝武皇帝의 이름은 철徹이다.

즉위 원년(B.C. 140)에 처음으로 연호를 고쳐 건원建元이라 하였다. 연호를 사용하게 된 것이 이로부터 시작되었다.

무제는 현량賢良, 방정方正, 직언直言, 극간極諫 등 네 개의 과목

동중서董仲舒

科目을 설치하여 인재를 선발한 다음 그들에게 직접 책문策問을 내렸다. 이때 광천廣川 사람 동중서董仲舒가 다음과 같이 대책對策을 하였다. "무슨 일이든지 요체는 힘써 노력을 하는 것에 달려 있습니다. 학문을 힘써 노력하면 견문이 넓고 지혜가 더욱 밝아질 것이며, 사람 된 도리를 힘써 행하면 덕이 날로 높아져 세상에 크게 공덕이 있게 될 것입니다."

또 말하였다. "임금이 우선 마음을 바로 하여야 조정의 기강을 바로잡을 수가 있는 것입니다. 그리고 조정을 바로잡은 뒤에 백관을 바로잡고, 백관을 바로잡은 뒤에 또 만민을 바로잡을 수가 있는 것이며, 만민을 바로잡은 뒤에 다시 사방을 바로잡게 되는 것입니다. 그리하여 사방이 바로잡히게 되면 멀고 가까운 여러 나라들이 정도正道에 귀일하게 되고, 따라서 그 사이에 조금도 삿된 기운이 끼어들 여지가 없게 되는 것입니다. 이렇게 된 뒤에는 음양이 조화되어 비바람이 때에 맞춰 일어나고 모든 생물들이 화협和協하여 만민이 번성하게 되는 것이니, 온갖 복된 일과 상서로운 일들이 모두 모여들어 결국은 왕도가 이룩되는 것입니다.

폐하께서는 행실이 고결하고 은덕이 후하시며 지혜는 밝고 의장意匠도 아름다우십니다. 또 백성을 사랑하고 인재를 좋아하는 덕도 있으십니다. 그러나 교화가 바로 서지 못하고 만민의 마음이 올바르지를 못하니, 이러한 상황은 비유컨대 금슬琴瑟의 부조화가 심한 경우에 반드시 이를 해체하여 다시 조율한 뒤에라야 제대로 연주할 수 있게 되는 이치와 통합니다. 그러므로 정치를 하는 데도 국가의 정령이 제대로 시행되지 않음이 심한 경우는 반드시 이를 바꾸어서 다시 교화를 편 뒤라야 제대로 다스려질 수 있게 됩니다. 우리 한나라가 천하를 다스리기 시작한 이래로 항상 잘 다스려지기를 바라고 있지만 오늘날까지 치적이 나타나지 않고 있는 것은, 마땅히 다시금 교화를 펴야 함에도 불구하고 그렇게 하지 않았기 때문인 것입니다."

또 말하였다. "인재를 양성하는 데에는 태학太學보다 나은 것이 없습니다. 태학은 훌륭한 인재가 배출되는 기관이자, 백성을 교화하는 근본이 되는 제도입니다. 원컨대 태학을 세우고 훌륭한 스승을 두어 천하의 인재를 양성토록 하십시오."

또 말하였다. "군수와 현령은 곧 백성들의 스승이니, 그들은 자신이 부리는 백성을 거느리고 천자의 풍덕風德을 이어받아 교화를 펴나가는 직책인 것입니다. 마땅히 제후와 군수들에게 각각 치하治下의 관리나 백성 중에서 훌륭한 자를 선발하여, 해마다 2명씩 경사로 천거하도록 하십시오."

또 계속되었다. "《춘추春秋》는 대일통大一統의 의리이니 천지자연의 떳떳한 법이고, 고금불변의 공통된 의리입니다. 그런데 지금 스승이란 사람들은 저마다 도를 달리하고 사람들도 각각 그 논리를 달리하고 있습니다. 신의 어리석은 생각으로는 육예六藝에 속하는 과목과 공자孔子의 학술이 아닌 여타의 여러 가지 것들은 모두 그 도를 근절한 뒤라야 국가의 기강이 서고 법도도 밝게 될 것입니다. 이렇게 되면 백성들도 따라갈 방향을 알게 될 것입니다."

무제는 이 대책을 보고 흡족히 여기며 그를 강도왕江都王의 재상으로 삼았다.

무제는 사자를 보내어 노인이 타기 편한 수레와 비단 10필, 옥구슬을 얹은 예물을 받들어 노魯나라의 유자儒者 신공申公을 모셔오게 하였다. 신공이 이르자 무제는 그에게 국가의 치란治亂에 관한 일을 물었다. 신공은 나이가 80여 세인데 이런 대답을 하였다.

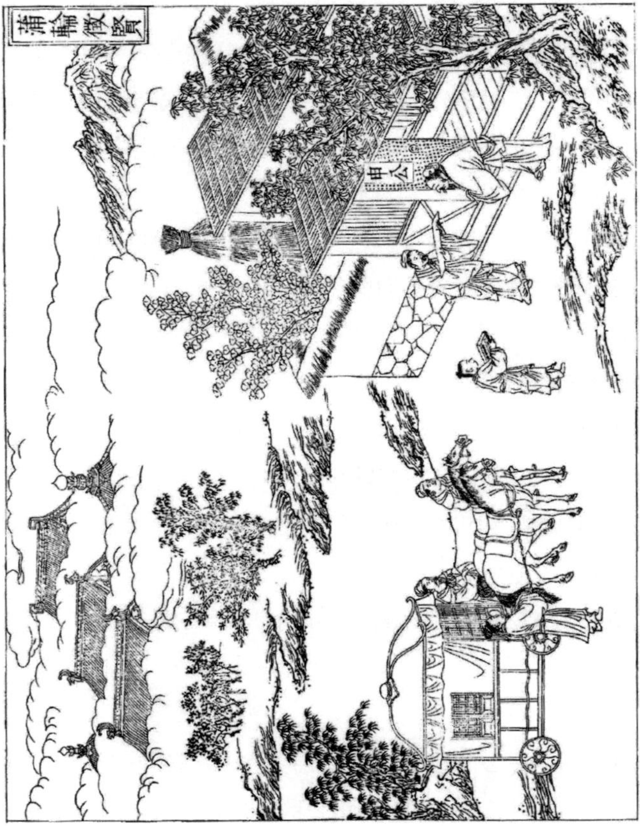

부들을 엮은 수레로 현자를 초빙하다

"천하를 다스리는 일은 변설辯舌과 언변에 있는 것이 아닙니다. 그것은 단지 임금이 얼마나 힘써 실천하는가에 달려 있을 뿐입니다."

건원建元 3년(B.C. 138), 민월閩越이 동구東甌를 공격하였다. 〈동구에서 구원을 요청하므로〉 한나라가 사신을 보내는 동시에 군사를 내어 구원하였다. 마침내 동구 사람들을 강수江水와 회수淮水 사이의 지역으로 옮겨 살게 하였다.

무제가 처음으로 미행微行[14]을 해서 상림원上林苑 복원 사업을 시작하였다.

건원建元 5년(B.C. 136), 오경박사五經博士[15] 제도를 설치하였다.

건원建元 6년(B.C. 135), 민월閩越이 남월南越을 공격하였다. 무제가 대행大行 왕회王恢 등을 보내어 군사를 이끌고 이들을 공격하게 하였다.

원광元光 원년(B.C. 134), 처음으로 군국郡國에 조령을 내려 효

---

14) 미행微行 : 미복微服(남루한 옷) 차림으로 민생을 순행하는 것.
15) 오경박사五經博士 : 태학太學에서 오경五經을 가르치던 학관學官으로 유교 정치를 확립하는 근간이 되었다.

렴孝廉의 덕이 있는 사람 각 1명씩을 천거하도록 하였다.

원광元光 2년(B.C. 133), 방사方士 이소군李少君이 무제를 뵙고 교묘하고 기발한 말로 황제의 뜻에 영합하여 아뢰었다.

"황제께서 친히 부엌 신에게 제사 지내시면 요괴妖怪를 불러들일 수가 있고, 단사丹砂를 불려서 황금이 되게 할 수가 있으며, 또 봉래蓬萊섬에 산다는 신선을 만나실 수도 있게 됩니다. 뿐만 아니라 그 신선을 만난 뒤에 봉선封禪을 행하시면 불로장생의 효험까지 얻게 될 것입니다."

무제가 이 말을 믿고 처음으로 몸소 부엌 신에게 제사를 올리고, 방사를 보내어 바다로 들어가서 봉래섬에 산다는 안기생安期生의 무리들을 찾아보게 하였다. 이와 같은 소문이 돌자 바닷가에 사는 연燕, 제齊의 황당한 무리들이 신선에 관한 이야기를 하며 번갈아 많이 찾아왔다.

무제가 왕회王恢의 건의에 따라 왕회 등을 파견하여 군사를 이끌고 흉노를 치게 하였다. 왕회는 군사를 마읍馬邑 근방의 산골짜기에 숨겨놓고 몰래 섭일聶壹이란 자를 보내어 흉노를 유인해서 마읍 근방의 보루까지 들어오게 한 다음 이들을 공격하였다. 그러나 선우單于가 이를 알아차리고 후퇴해버리니, 이로부터 흉노가 화친을 끊고서 한漢나라와 맞닿아 있는 통로의 요새를 침략하였다.

원광元光 5년(B.C. 130), 당몽唐蒙이 글을 올려 남이南夷를 복속시킬 것을 청하였다. 무제는 이에 당몽을 중랑장中郎將에 배수하여 군사 1천 명을 이끌고 야랑夜郎을 치게 하였다. 그러자 야랑후가 한나라를 따를 것을 약속하므로 그곳을 건위군犍爲郡으로 삼았다.

또 사마상여司馬相如를 중랑장에 배수하여 서이西夷 가운데 공邛·작筰·염冉·방駹을 복속시키고 이곳에도 군현을 설치하였다. 그리하여 서쪽은 말수沫水와 약수若水까지, 그리고 남쪽은 장가牂牁에 이르기까지 요새를 둘러쳐서 이민족과의 경계로 삼았다.

관리와 백성 가운데에서 당세의 시무時務에 밝고 선성先聖의 학술 사상을 잘 익힌 사람을 징소徵召하여 경사로 올려보내면서, 이들이 통과하는 각 군현에서 차례대로 숙식을 제공하고 상부에 회계를 보고하러 오는 사자와 동행하도록 하였다. 이때 치천菑川 사람 공손홍公孫弘이 대책을 하였다.

"임금이 위에서 중화中和의 덕이 있으면 백성이 아래에서 화합하게 되는 것입니다. 그리하여 마음이 화하면 기氣가 따라서 화하게 되는 것이며, 기가 화하면 외모가 또한 화하게 됩니다. 그리고 외모가 화하면 목소리가 화하게 되며, 목소리가 화하면 천지의 조화가 여기에 감응하게 되는 것입니다."

이 대책이 진달奏達되자 이를 제1등으로 뽑고 조서를 내려 금마문金馬門으로 대우하였다.

이때 제齊 사람 원고轅固가 나이 90여 세에 또한 현량과賢良科에 뽑혀 올라왔는데, 공손홍이 그를 바로 보지 못하고 곁눈으로 쳐다보며 윗사람으로 모시자 원고가 말하였다.

"공손자公孫子는 바른 학문을 힘써 언론을 펴시오. 옳지 않은 학문을 가지고 세상 사람들에게 아첨을 해서는 안 될 것이오."

원광元光 6년(B.C. 129), 처음으로 상인商人들이 소유한 배와 수레의 수를 조사하였다.

흉노가 상곡上谷에서 노략질을 하므로, 거기장군車騎將軍 위청衛青 등을 보내 군사를 이끌고 격퇴하게 하였다.

원삭元朔 원년(B.C. 128), 주보언主父偃이 글을 올려 흉노를 정벌할 것을 간하고, 엄안嚴安도 글을 올렸으며, 서락徐樂도 글을 올려 다음과 같이 말하였다. "폐하의 위광威光을 가지고 하시면 무슨 일인들 이루지 못할 것이 있으며, 또 어디를 정벌하신들 굴복시키지 못할 데가 있겠습니까." 이 글이 상달되자 무제는 그들을 불러 말하기를 "경들은 모두 어느 곳에 있었기에 이렇게 늦게야 만나보게 되었단 말인가." 하며, 그들을 모두 낭중郎中에 배수하였다.

이해 가을에 흉노가 들어와 노략질을 하였고, 원삭 2년(B.C. 127)에 또 들어와 노략질을 하므로 위청衛青 등을 보내 이를 치게

위청衛靑

하였다. 마침내 하남河南 땅을 얻어 삭방군朔方郡을 설치하였다.

원삭元朔 5년(B.C. 124), 공손홍으로 승상을 삼고 평진후平津侯에 봉하였다. 이때 무제가 바야흐로 큰일을 해보려 하므로 공손홍은 이에 맞춰 동관東闕을 열어 현인賢人을 맞이하였다.

흉노가 삭방군에 쳐들어오므로 위청衛靑을 보내어 여섯 장군을 거느리고 격퇴하게 하였다. 전쟁에서 돌아온 뒤에 위청을 대장으로 삼았다.

흉노가 대군代郡으로 쳐들어왔다.

원삭元朔 6년(B.C. 123), 봄에 위청을 보내어 여섯 장군을 거느리고 흉노를 치게 하였고, 여름에 다시 보내었다.

원수元狩 원년(B.C. 122), 박망후博望侯 장건張騫을 서역西域에 사자로 보내어 처음으로 전국滇國을 복속시켰다.

원수元狩 2년(B.C. 121), 곽거병霍去病으로 표기장군票騎將軍을 삼아 흉노를 치게 하니, 곽거병이 흉노를 패배시키고 언지焉支를 지나 기련산祁連山까지 진입하였다가 돌아왔다.

흉노의 혼사왕渾邪王이 항복하므로 한나라가 다섯 곳의 속국屬國을 설치하여 그들을 살게 하였다.

원수元狩 3년(B.C. 120), 흉노가 우북평右北平과 정양定襄에 쳐들어왔다.

원수元狩 4년(B.C. 119), 위청과 곽거병을 보내어 흉노를 치게 하였다. 곽거병은 이때 낭거서산狼居胥山에 올라가 봉封 제사를 지내고 돌아왔다.

방사 문성장군文成將軍 이소옹李少翁이 주살을 당하였다.

원정元鼎 2년(B.C. 115), 서역西域이 처음으로 복속되어 이곳에 주천군酒泉郡과 무위군武威郡을 설치하였다.

원정元鼎 4년(B.C. 113), 방사 난대欒大로 오리장군五利將軍을 삼고 공주를 그에게 시집보냈다.

원정元鼎 5년(B.C. 112), 장군 노박덕路博德 등을 보내어 남월南越을 치게 하였다.

난대가 주살을 당하였다.

원정元鼎 6년(B.C. 111), 서강西羌이 반란하므로 이를 토평討平하였다.

남월南越이 평정되어 여기에 아홉 군郡을 설치하였다.

원봉元封 원년(B.C. 110), 무제가 장성長城에서 나와서 선우대單

于臺에 올라 선우單于에게 사자를 보내 이렇게 고하였다.

"남월왕南越王의 머리는 이미 한나라의 북궐 아래에 매달려 있다. 지금 선우가 우리와 싸우려 한다면 나는 직접 대장이 되어 국경에서 기다리고 있을 것이다."

무제가 구씨읍緱氏邑에 가서 중악中嶽에 제사를 지낸 다음 마침내 동쪽으로 바닷가를 따라 순행하며 신선을 찾았다. 그는 또 태산泰山에서 봉封 제사를 올리고, 숙연산肅然山에서 토지신에게 재액 소멸을 기원한 다음, 다시 동북쪽으로 갈석산碣石山까지 갔다가 돌아왔다.

전왕滇王이 항복하므로 그 일대에 익주군益州郡을 설치하였다.

원봉元封 3년(B.C. 108), 누란樓蘭을 공격하여 그 왕을 사로잡고 마침내 거사車師까지 쳐서 격파하였다.

조선朝鮮이 항복하므로 그 일대에 낙랑樂浪, 임둔臨屯, 현토玄菟, 진번眞番 등의 군郡을 설치하였다.

흉노가 변방을 쳐들어오니 군사를 보내어 삭방군朔方郡에 둔수屯戍하게 하였다.

원봉元封 5년(B.C. 106), 무제가 남쪽으로 강수江水와 한수漢水 일대를 순행하고, 태산泰山까지 가서 단壇을 증축하고 봉封 제사를 지냈다.

태초太初 원년(B.C. 104), 겨울 10월에 무제가 태산에 갔고, 11월 갑자일甲子日 초하루 새벽 동지일冬至日에 《태초력太初曆》이란 역법서를 만들고 정월正月(11월)로 일 년을 시작하는 첫 달을 삼았다.

장군 이광리李廣利를 보내 군대를 거느리고 완宛을 정벌하게 하였으나 이기지 못하였다.

태초 2년(B.C. 103), 조파노趙破奴를 보내어 흉노를 치게 하였으나 패몰敗沒하고 말았다.

태초 3년(B.C. 102), 봄에 국경의 외성外城에 보루를 축조해놓았는데, 가을에 흉노가 크게 침입하여 이 보루들을 모조리 파쇄해 버렸다.

대대적으로 군사를 내어 이광리李廣利를 주장으로 대완大宛을 포위하니, 그들이 왕모王母 과寡를 죽이고 항복하였다. 좋은 말 수십 필을 얻어 가지고 왔다. 이광리를 해서후海西侯에 봉하였다.

천한天漢 원년(B.C. 100), 중랑장中郎將 소무蘇武를 흉노에 사신으로 보냈다. 그러나 선우單于가 그에게 투항을 받을 생각으로 소무를 커다란 땅굴 속에 가두어놓고 일절 음식물을 공급해주지 않았다. 소무가 움 밖에 내린 눈과 절모節旄에 달린 쇠꼬리 털을 씹어 삼키며 며칠씩 죽지를 않으니, 흉노가 참으로 신기한 일이라고 생각하여 소무를 북해北海 근방의 사람이 없는 곳으로 옮겨놓았다. 그러면서 소무에게 숫양들을 길러 보라고 하며 "이 숫양들이 새끼를 낳게 되면 그때 네가 돌아갈 수 있을 것이다." 하였다.

천한 2년(B.C. 99), 이광리를 보내어 군사를 거느리고 흉노를 치게 하였다. 별장別將 이릉李陵이 싸우다 패하여 흉노에게 투항하였다.

무제가 법제法制만을 가지고 백성들을 제어하면서 한편으로는 무자비한 관리들을 즐겨 중용하였다. 그때 동쪽 지방에서 도적들이 자주 일어나자 무제는 사자를 보내어 수의繡衣를 입고 도끼를 잡고서 그들을 감독하고 체포하게 하였는데, 그에게 이천석二千石 이하의 관리로서 악행을 자행하는 자는 마음대로 죽일 수 있는 권한을 주었다.

천한 4년(B.C. 97), 이광리 등을 보내 흉노를 치게 하였으나 아무런 성과가 없었다.

태시太始 3년(B.C. 94), 무제가 동쪽으로 낭야산琅邪山 일대를 순행하고 바다를 유람하다가 돌아왔다.

태시 4년(B.C. 93), 무제가 동쪽으로 순수巡狩하여 명당明堂에서 제사를 지내고 봉선封禪을 행하였다.

정화征和 2년(B.C. 91), 무고사건이 일어났다. 이때 무제가 감천궁甘泉宮에 가 있다가 강충江充을 사자로 삼아 무고의 옥사를 처리하게 하였다. 〈강충이 미리 태자궁太子宮 안에 나무인형을 묻어 놓게 하고서는〉 태자궁을 파헤치게 한 다음 '나무인형이 아주 많이 나왔습니다.'라고 보고하였다. 이에 황태자 거據는 화를 당할까 두려워 사람을 시켜 거짓으로 황제의 사자인 척 하며 강충을 잡아 죽이게 하였다. 그러고 나서 이를 어머니인 위황후衛皇后에게 보고한 다음 황제 전용 수레인 중구거中廏車를 꺼내어 활 잘 쏘는 궁수弓手를 태우고, 또 무기고의 병기를 꺼내어 이를 장락궁長樂宮을 호위하는 병사들에게 지급하였다.

무제가 감천궁에서 돌아와 조칙으로 삼보三輔의 군사를 동원하고 승상 유굴리劉屈氂를 보내 지휘하게 하였다. 태자 또한 천자의 칙서를 사칭하고 군사를 동원하여 승상의 군사를 맞아 싸우니, 닷새 동안 죽은 자가 수만 명이나 되었다. 결국 황태후가 자살하고 태자는 호현湖縣까지 달아나 거기서 목을 매어 죽었다.

그 후 고조묘高祖廟의 침랑寢郎 전천추田千秋가 무제에게 글을 올려 말하였다. "어떤 백발노인이 나타나 신에게 지도하기를 '자식으로서 아비의 군사를 가지고 장난을 하였으니 그 죄는 태형笞刑에 해당되는 것이다.' 하였습니다." 무제가 깨달은 바가 있어 말하기를 "이는 고조의 신령께서 나에게 지침을 일러주신 것이다." 하고는, 태자에게는 죄가 없음을 알아서 호현湖縣에 '귀래망사歸來望思'라는 이름의 누대를 지었다. 천하 사람들이 이런 이야기를 듣고서 모두 슬퍼하였다.

정화 3년(B.C. 90), 흉노가 오원五原, 주천酒泉에 쳐들어오자 이광리를 보내 공격하게 하였는데, 이광리가 흉노에게 항복을 하였다.

정화 4년(B.C. 89), 방사方士로서 신선술을 추구하거나 기괴한 술법을 엿보는 자들을 파출하였다.

전천추로 승상을 삼고 부민후富民侯에 봉하였다. 또 서역 윤대輪臺 지방의 둔전屯田 설치에 관한 논의를 중지하였다. 그리고 조서를 내려, 지금까지 방사를 과신하여 출정하거나 토목 공사를 벌임으로써 민력民力을 소모한 일을 후회하고 있음을 천하에 알렸다.

후원後元 2년(B.C. 87), 무제가 오작궁五柞宮에 행차하였는데, 병이 위독하므로 곽광霍光으로 대사마대장군大司馬大將軍을 삼고 유조遺詔에 따라 태자를 보좌하게 하였다.

무제는 재위 54년에 연호를 바꾼 것이 11번이니, 즉 건원建元 · 원광元光 · 원삭元朔 · 원수元狩 · 원정元鼎 · 원봉元封 · 태초太初 · 천한天漢 · 태시太始 · 정화征和 · 후원後元 등이다. 무제는 영웅적 재질과 원대한 지략을 타고난 인물로, 문제와 경제의 풍요로운 치세를 이어받아 주변 이민족들에게 마음껏 무력을 과시하였다. 일찍이 무제가 말하기를 "우리 고조께서는 평성平城에서 흉노에게 포위되었다가 가까스로 빠져나온 일이 있으셨다. 나는 제양공齊襄公이 9대조의 원수를 갚은 것처럼 하고자 다짐하고 있는 터이다." 하면서, 수차례 흉노를 정벌하여 한漢나라의 병세兵勢가 바닥이 날 지경으로 만들었다. 이로 인해 흉노는 멀리 달아나 버리게 되었고, 사막 남쪽으로는 흉노의 왕정이 자취를 감추었다. 또 무제는 땅을 개척하여 군현郡縣을 설치하는가 하면, 항복을 받기 위해 수항성受降城을 만들었고, 서역西域과 통교하고 남이南夷를 복속케 하며, 동쪽으로는 조선을 치고 남쪽으로는 월粤나라를 정벌하는 등 해마다 군사 동원이 끊이지 않았다.

한편 국내에서는 수많은 토목 공사를 일으켰다. 상림원上林苑을 증축하여 남산南山까지 연결시키며, 백량대柏梁臺를 세우고 승로반承露盤을 설치하니 높이가 20장丈에 크기가 7아름이었으며,

그 위에는 선인장仙人掌을 만들어놓았다. 또 '신선들은 누각樓閣 위에서 살기를 좋아한다.'는 방사方士 공손경公孫卿의 말에 따라 비렴계관蜚廉桂館, 통천경대通天莖臺 등의 누각을 세우고, 한편으로는 수산궁首山宮과 건장궁建章宮을 짓고 여기에 수없이 많은 문호門戶를 설치하였다. 그리고 동쪽으로는 봉각鳳閣을 만들고 서쪽으로는 호권虎圈을 두었으며, 북쪽으로는 태액지太液池라는 호수를 만들어 그 안에 점대漸臺, 봉래蓬萊, 방장方丈, 영주瀛洲, 호량壺梁 등의 신산神山을 두고, 남쪽으로는 보옥으로 장식한 전당과 문루門樓를 두고, 여기에 다시 신명대神明臺와 명광궁明光宮을 세우니, 모두 사치와 호사가 지극하였다. 뿐만 아니라 여러 차례 지방을 순행하며 사사社祠와 영사靈祠를 하였고 또 봉선封禪을 행하였다.

이리하여 국가의 재정이 바닥이 나게 되자, 문제는 무공武功에 따라서 주게 되어 있는 작급爵級을 돈으로 팔고, 악화惡貨인 녹피폐鹿皮幣와 백금白金을 만들었다. 또 상홍양桑弘羊과 공근孔僅이 발의한 균수법均輸法 · 평준법平準法을 시행하여 이익 사업을 일으켜 이것을 국용에 충당하였다. 또 염관塩官을 두고, 상인들의 배와 수레를 조사해서 세금을 매기며, 민전緡錢이란 제도를 만들었다.

그러자 천하의 민심은 어수선하게 되고 말년에 가서는 여러 도적들이 일어나게 되었으니, 윤대輪臺 지방의 둔전屯田 설치를 중지시키는 조서가 내리지 않았더라면 한漢나라는 진秦나라와 같은 운명을 면하지 못하였을 것이다.

무제가 등용한 승상 가운데 처음에는 오직 전분田蚡만이 그런대로 전권專權을 행사하고 있었다. 어느 날 무제가 전분에게 말하기를 "경이 혼자서 관리를 임명하고 있는데, 그 일이 이젠 끝이 났는가, 아직 더 남아 있는가. 나 역시 임명하고 싶은 사람이 있소." 하였다. 이로부터 승상 자리에 있던 인물들 모두가 실권은 없고 자리만 차지하고 있을 뿐이었다.

공손홍公孫弘 이후로는 국가에 복잡한 일이 많아서 승상이 죄에 연루되어 죽임을 당하는 경우도 있었다. 이 때문에 공손가公孫賀가 승상에 제수되었을 때에 눈물을 흘리며 사양했을 정도에 이르렀으나, 그 역시 결국은 죄를 짓고 죽임을 당하였다. 《사기史記》 〈혹리열전酷吏列傳〉에 등장하는 장탕張湯 · 조우趙禹 · 두주杜周 · 의종義縱 · 왕온서王溫舒와 같은 무리들은 모두 일찍이 백성들에게 형벌을 엄준하게 집행한 사람들이었는데, 그들에게 죄가 있을 때에는 또한 조금도 관대한 처분을 받지 못하였다.

그 사이에 복식卜式이나 아관兒寬 같은 무리들은 또한 장자長者로서 기용이 되었을 뿐이었고, 오직 급암汲黯만이 엄정한 성품을 가지고 무제에게 두려운 존재가 되어 자주 간언을 하곤 하였다. 그리하여 그는 내직에 있지 못하고 동해수東海守로 좌천을 당한 일도 있었다. 급암은 무욕청정無慾清淨한 도를 좋아하여 항상 관청 휴게실에 누워 있기만 할 뿐 밖으로 나오지 않았는데도 동해군東海郡은 크게 다스려졌다. 결국 내직으로 들어와서 구경九卿의 일원으로 직무를 보고 있었는데, 어느 날 무제가 학식과 경륜이

급암汲黯

풍부한 인재들을 초빙하고자 하면서 말하기를 "내가 이러이러한 일을 한번 해보고 싶다." 하니, 급암이 대답하였다. "폐하께서는 속으로 욕심이 많으시면서 겉으로만 인의仁義를 펴보려는 척 하고 계십니다. 그러니 어찌 요순시대의 치세를 본받을 수 있겠습니까." 이 말에 무제는 화가 나서 조회를 파하고 말하기를 "아, 지나치구나. 급암의 우직함이여." 하였고, 다른 날에 또 말하기를 "옛날의 이른바 사직社稷의 신하가 있었다고 하는데 급암이야말로 여기에 가까운 사람이로다." 하였다.

회남왕淮南王 유안劉安이 모반을 기도할 때 이런 말을 하였다. "한나라 조정 대신 가운데 오직 급암만이 직간을 좋아하니 절개를 지켜 의리에 목숨을 바칠 만한 인물이다. 승상 공손홍 같은 자는 설복시키기가 머리에 쓴 물건을 벗기는 것만큼이나 아무것도 아니다."

어느 날 급암이 회양태수淮陽太守를 제수받자 이렇게 말하였다. "신은 병이 있는 몸이라 군郡의 일을 전적으로 맡아볼 수가 없습니다. 원컨대 낭중郎中이 되어서 금중禁中에 출입하며 폐하를 보좌하여, 폐하께서 미처 생각지 못하시는 부분을 도와드리고 싶습니다." 무제가 말하였다. "자네는 회양태수의 직책이 부족하다고 생각해서 그러는 것인가. 그렇다면 내가 곧 그대를 불러들이도록 하겠소. 다만 회양은 관리와 백성들 간에 화합이 잘 이루어지지 않는 것 같으니, 그대의 높은 덕망을 가지고 그냥 관청에 누워 있으면서 백성을 다스리게 하려는 것이오." 결국 급암은 회양으로 부임한 지 10년 만에 거기에서 죽었다.

급암은 황제에게 대단히 신임을 받고 있었다. 이를테면 대장군 위청衛青은 고귀한 신분임에도 불구하고 무제가 간혹 침상 가에 걸터앉아 그를 면대하는 일이 있었고, 또 승상 공손홍의 경우에도 한가하게 만날 때에는 의관을 차리지 않고 대하는 일도 있었다. 그렇지만 급암과 만나는 자리에서만은 무제가 반드시 관을 쓴 다음에야 대면을 하였다.

무제는 천하에 재주와 지혜가 출중하고, 남달리 뛰어난 사람들을 뽑아다가 총애하며 임용하였다. 이를테면 장조莊助, 주매신朱買臣, 오구수왕吾丘壽王, 사마상여司馬相如, 동방삭東方朔, 매고枚皐, 종군終軍 등이 무제의 좌우에 있었던 것이다. 이 가운데 사마상여는 특히 사부詞賦를 잘하여 총애를 받았고, 동방삭과 매고는 확고한 논리는 없었어도 해학을 매우 잘하는 사람들이었다. 그래서 무제는 광대를 가까이하는 셈으로 이들을 곁에 두며 녹봉을 주었다. 어느 날 동방삭이 무제를 모시고 있는 주유侏儒에게 말하기를 "폐하께서 너를 죽이려 하신다." 하니, 주유는 눈물을 흘리며 살려달라고 애걸하였다. 무제는 어찌된 일인지 물으니 동방삭이 말하기를 "주유는 배가 불러 죽을 지경인데, 신 동방삭은 배가 고파서 죽을 지경이옵니다." 하였다. 또 복날에 고기를 나눠주는데 다소 지체가 되자, 동방삭이 앞으로 나아가 고기를 싹둑 잘라 집으로 돌아갔다. 무제는 그를 불러 까닭을 묻고 스스로 해명하도록 하였다. 동방삭이 말하기를 "내려주신 물건을 받을 때 분부를 기다리지 않고 가져가 버리고 말았으니 이는 실로 무례한 일이옵니다. 하지만 칼을 빼서 고기를 잘랐으니 이 얼마나 장쾌한 일입니까. 그리고 고기를 베기는 하였지만 적당한 분량만을 떼어냈으니 이는 또 얼마나 염치를 아는 일이겠습니까. 뿐만 아니라 고기를 가지고 돌아가 아내에게 넘겨주었으니 이야말로 자애로운 일이 아니겠습니까." 하였다. 그러나 이밖에 동방삭은 때때로 직간을 하여 무제에게 도움을 준 경우도 있었다.

동방삭東方朔

방사 이소군李少君이 궁중에 들어온 이래 여러 가지로 신선술을 추구함이 끝이 없었다. 어느 날 문성文成(이소군)이 무제를 속였다 하여 주살 당하고, 그 후에 오리五利(난대欒大)가 들어와 무제를 가까이하였다. 하루는 오리가 문성의 전례를 가지고 말을 하자, 무제는 말하기를 "문성은 말의 간을 먹었기 때문에 죽은 것일 뿐이다." 하였다. 오리가 또 주살 당하자 공손경公孫卿 등이 들어와 더욱 신임을 받게 되었다. 말년에 무제가 비로소 신선술의 허망함을 깨닫고 말하였다. "천하에 어찌 신선이라는 것이 있겠는가. 다 요망한 미신일 뿐이다. 음식을 절제하고 복약服藥을 잘 하면 몸의 병도 다소 적어질 수가 있을 뿐이다."

한漢나라가 일어난 뒤로 혜제惠帝 때부터 협서挾書의 금령이 풀리게 되었고, 문제文帝 때에는 다른 나라에 가서 유학遊學을 할 수 있는 길이 열렸다. 그러나 유학儒學의 발달이 아직 충분히 왕성한 상태에 있었다고 할 정도는 아니었다. 그러다가 무제 때에 동중서董仲舒, 공손홍公孫弘 등의 학자들이 모두 춘추학春秋學을 닦아 등용이 됐고, 아관兒寬이 또한 경학의 정신과 원리를 가지고 시무에 활용을 하였으며, 또 공안국孔安國 등의 학자들이 나와서 육경六經을 천하에 드러냈으니 유학을 밝힌 것이 실로 무제 때부터 시작되었다. 뿐만 아니라 문장文章의 발달 또한 이때에 와서 비로소 왕성하게 되니, 후세의 평자評者들이 이때를 가리켜 삼대三代의 유풍이 있다고 하였다. 태자가 즉위하니 바로 효소황제孝昭皇帝이다.

6) 효소황제孝昭皇帝

효소황제孝昭皇帝의 이름은 불릉弗陵이고, 어머니는 구익부인鉤弋夫人 조씨趙氏이다. 그녀가 임신한 지 14개월 만에 소제昭帝를 낳으니 무제武帝는 그 궁의 문을 요모문堯母門[16]이라고 이름하였

16) 요모문堯母門 : 요堯가 14개월 만에 탄생하였으므로 구익부인鉤弋夫人의

곽광霍光

다. 소제가 7세에 몸도 건장하고 지혜도 많았으므로 무제는 그를 태자로 세우고자 하여 여러 신하들 가운데서 태자를 보좌할 만한 인물을 살펴보았는데, 오직 곽광霍光이란 사람만이 충직하고 근후하여 대임大任을 맡겨볼 만하였다. 무제는 내관〔黃門〕을 불러 주周나라 주공周公이 성왕成王을 안고 제후들에게 조빙朝聘을 받는 그림을 그리게 한 다음 이를 곽광에게 내려주었다. 그런 다음 무

궁문을 '요모문堯母門'이라고 하였다.

제는 구익부인의 부도덕한 처신을 견책하고 자결하게 하며 말하기를 "예로부터 국가가 어지러워지는 까닭은 임금이 어린데 그 어미는 세력이 커서 교만하고 음탕한 욕심으로 방자한 처신을 하기 때문이었다." 하였다. 다음 해에 무제가 죽자 마침내 태자가 제위에 올랐다.

연왕燕王 단旦은 장자長子인데도 제위에 오르지 못하자 반란을 꾸미게 되었다. 그러나 소제는 단을 용서하여 처벌하지 않고 그의 일당들만 모두 주살하였다.

시원始元 6년(B.C. 81), 소무蘇武가 흉노에서 돌아왔다. 소무는 이보다 앞서 북해北海 근방에 안치되어 있었는데, 이때 들쥐가 먹다 버린 풀씨를 파먹으며 지내면서도 누워 있으나 일어나 있으나 항상 한나라에서 들고 간 절기節旗를 몸에 지니고 있었다. 지난번 흉노에 항복해 살고 있던 이릉李陵이 소무에게 말하였다. "인생이란 그저 아침 이슬과 같을 뿐인데 어찌 이리도 스스로 고생을 하시오. 나는 위율衛律과 함께 흉노에 투항하여 모두 부귀를 누리며 살고 있소." 위율 역시 여러 차례 소무에게 투항하기를 권하였으나 소무는 끝내 항복하지 않았다.

어느 날 한나라에서 흉노로 사신이 오자, 흉노가 "소무는 벌써 죽고 없다."고 거짓말을 하였다. 그러나 한나라 사신은 흉노의 간계를 알고 이렇게 대꾸하였다. "우리 천자께서 상림원上林苑에 납

시어 활쏘기를 하다가 기러기 한 마리를 떨어뜨린 일이 있었는데, 그 기러기 발목에 '소무는 큰물 가에 잘 있사옵니다.'라는 백서帛書가 달려 있었소." 흉노는 더 이상 숨기지를 못하고 소무를 돌려보냈다. 소무는 흉노에 19년 동안이나 억류되어 있었다. 그가 처음 사신으로 나갈 때는 강건하고 씩씩한 모습을 하고 있었

소무蘇武

는데, 돌아올 때에는 수염과 머리가 모두 하얗게 세어 있었다. 소제는 그에게 전속국典屬國이란 관직을 제수하였다.

좌장군左將軍 상관걸上官桀의 아들 안安이 곽광霍光의 사위가 되었다. 이후 그 아내가 딸을 낳아 황후가 되자 상관걸과 안이 생각하기를 "우리는 황후의 할아비이자 아비인데, 그 권세가 외조부로서 국가의 대사를 좌우하고 있는 곽광만 못하다." 하고는, 곽광과 권세를 다투게 되었다. 당시 악국鄂國의 합후蓋侯에게 출가한 장공주長公主가 정인情人 정외인丁外人을 위하여 그를 제후로 봉해주기를 요구하였다가 허락되지 않자 곽광을 원망하고 있었다. 연왕燕王 단旦은 황제의 형이면서도 제위에 오르지 못한 것에 대해 늘 원망하는 마음을 품고 있었고, 어사대부御史大夫 상홍양桑弘羊도 그의 자제를 위하여 벼슬을 구하다가 얻지 못하자 역시 원망하는 마음을 가지고 있었다. 이에 이들이 모두 연왕 단과 짜고 모의를 한 끝에, 어떤 사람을 시켜 단을 위한 일인 양 일을 꾸며서 다음과 같은 글을 올리게 하였다.

"곽광이 도읍을 빠져나가 근위병들을 훈련시킨 일이 있었는데, 이때 그가 도로에서 벽제를 하고 제멋대로 막부의 교위 숫자를 증원하여 채우는 등 함부로 전권을 휘두르고 있습니다. 무슨 비상사태라도 나는 것이 아닌지 의구심이 들기도 합니다."

이 글은 곽광이 조정에 나오지 않고 쉬는 날을 틈타 상주되니, 상관걸은 궁중에 있으면서 이 사건을 대신들에게 내려 의논하게 하였고, 상홍양은 곧장 대신들과 함께 일을 주관하며 곽광을 물러나게 하려 하였다.

곽광을 참소하는 글이 상주되었으나 소제는 이를 사법에 돌리려 하지 않았다. 다음 날 아침 곽광은 이 소식을 듣고 대궐로 들어갔으나, 대궐 안으로는 들어가지 않고 화실畫室[17]에 머물러 대기하고 있었다. 소제가 묻기를 "대장군은 어디 있는가." 하니, 상관걸이 아뢰기를 "연왕이 그의 죄를 고해놓고 있는 상태이기 때문에 감히 들어오지 못하고 있습니다." 하였다. 이에 소제가 칙명으로 대장군을 부르니 곽광이 들어가 관을 벗고 머리를 조아리며 사죄하였다. 소제가 말하기를 "장군은 관을 쓰라. 짐은 이 글의 내용이 모두 거짓임을 알고 있다. 장군에게는 아무 죄도 없느니라." 하니, 곽광이 말하기를 "폐하께서는 어찌 이를 아시나이까." 하였다. 소제가 말하기를 "장군이 광명전廣明殿으로 가서 군사들을 조련한 것이 불과 며칠 전이고, 또 교위들을 뽑은 일도 아직 열흘이 채 안 된 일이다. 그러니 연왕이 어찌 이를 알 수가 있겠는가. 게다가 장군이 만약 딴 뜻이 있었다고 한다면 구태여 교위들을 끌어들일 필요도 없었을 것이다." 하였다. 이때는 원봉元鳳 원년(B.C. 80)으로 소제의 나이 불과 14세였으니 상서尙書와 측근들은 모두 소제의 총명에 놀라워하였고, 글을 올린 무리들은

17) 화실畫室 : 근신近臣들이 모여 일을 계획하는 곳을 이른다.

소제昭帝가 거짓 상소를 분명하게 판별하다

과연 어디론가 자취를 감추고 없었다. 소제가 급히 이들을 체포하려 하니 상관걸 등은 내막이 탄로 날까 두려워 소제에게 아뢰기를 "그까짓 거 별일도 아닙니다. 끝까지 추궁할 일이 아닌 것으로 압니다." 하였으나 소제는 듣지 않았다. 이후 상관걸의 무리들 가운데 곽광을 참소하는 자가 있으면 소제는 문득 노기를 띠고 말을 했다. "대장군은 충신이오. 선제께서 유언으로 부탁하여 짐을 보좌하도록 맡겨주신 사람이란 말이오. 감히 헐뜯고 훼방하는 자가 있으면 용서치 않을 것이오." 이로부터 감히 다시는 말하는 자가 없게 되었다.

한편 상관걸 등은 장공주가 연회를 베풀어 곽광을 초청하면 복병을 숨겨두었다가 그를 격살하고, 그런 다음 소제를 폐하고 연왕을 세우자고 계획하였다. 그리고 이와 별도로 상관안은 연왕을 유인하여 그가 나타나면 곧장 목을 벤 다음 소제를 폐하고 상관걸을 세우자고 모의하였다. 그러나 마침 이 모의를 알고 아뢰는 자가 있어, 소제는 상관걸 · 상관안 · 상홍양 등을 잡아들여 그 종족과 함께 모두 주살해버렸다. 장공주와 연왕은 모두 자살을 하였다.

원봉 4년(B.C. 77), 부개자傅介子가 서역에 사신으로 갔다가 누란왕樓蘭王을 유인하여 찔러 죽이고는 역참으로 달려와 본국 대궐로 돌아오니, 누란왕이 흉노의 앞잡이가 되어 첩자 노릇을 하고 있었기 때문이었다.

원평元平 원년(B.C. 74), 소제가 나이 21세로 붕어하였다. 재위가 14년이고, 연호를 바꾼 것이 세 차례이니, 시원始元 · 원봉元鳳 · 원평元平이다. 소제의 재위 중에는 곽광이 정무를 맡아 백성과 함께 휴식을 함으로써 천하가 무사태평하였다.

창읍왕昌邑王 하賀는 애왕哀王 박髆의 아들이며 무제의 손자인데, 곽광이 그를 맞이하여 즉위시킨 다음, 소제의 황후를 높여 황태후라 하였다. 그런데 하賀는 여색과 유희에 빠져 절제할 줄을 모르므로 곽광이 황태후에게 아뢰어 폐출시키고 무제의 증손을 맞아 세우니, 바로 중종中宗 효선황제孝宣皇帝이다.

7) 효선황제孝宣皇帝

효선황제孝宣皇帝는 초명初名을 병이病已라 했다가 뒤에 순詢으로 바꾸었으니 무제의 증손이다. 이보다 앞서 여태자戾太子 거據가 사씨史氏 여인을 양제良娣(태자의 소실)로 맞아들여 황손皇孫 진進을 낳고, 진進이 다시 병이病已를 낳았다. 몇 달 후에 무고 사건이 일어나자 모두 감옥에 갇히게 되었는데, 이때 천기天氣를 본다는 자가 말을 했다. "장안의 옥중에 천자의 기운이 있사옵니다." 그러자 무제는 사자를 보내어 옥중에 있는 사람들을 모조리 죽이게 했다. 이때 병길丙吉이 옥사를 다스리고 있었는데 그는 사자를 거부하고 들어오지 못하게 하며 말했다. "다른 사람이라 해도 죄 없이는 죽일 수가 없는 것인데, 하물며 황증손皇曾孫의 경우이겠는가." 사자가 돌아가 보고하자 무제가 말했다. "하늘의 뜻이로구나."

병이는 성장함에 따라 재주가 출중하고 학문을 좋아하는데다가 또한 호협한 기상까지 갖추게 되었다. 그리하여 그는 민간에 있어서 소인들의 농간이라든지 관원들의 잘잘못까지 모르는 것이 없었다. 그러던 중 소제 원봉元鳳 연간에 태산에 있는 큰 돌이 저절로 일어나 앉고, 상림원上林苑에서는 넘어진 버드나무가 도로 일어나더니 그 나무의 잎사귀를 벌레가 잠식하며 '공손公孫 병이가 장차 황제에 오를 것이다.' 하는 자국을 내었다. 창읍왕昌邑王 하賀가 폐출될 때에 병이의 나이가 18세였는데, 곽광 등이 황태후에게 아뢰기를 "병이는 행실이 절제가 있고 검소하며 성품은 인자하고 백성을 사랑하니 효소황제孝昭皇帝의 뒤를 이을 만합니다." 하여 그를 맞아들여 제위에 오르게 하였다. 선제宣帝가 즉위한 지 6년 후에 곽광이 죽었으므로 이때부터 친정을 하였다.

지절地節 3년(B.C. 67), 노온서路溫舒가 글을 올려 아뢰었다. "진秦나라 때에 열 가지 실정失政이 있었는데 그 가운데 한 가지가 아직도 남아 있으니, 바로 옥사獄事를 다스리는 관리의 횡포입니다. 민간의 속담에 '땅바닥에 금을 그어놓고 그곳을 감옥이라 해도 사람들은 이리저리 생각하며 들어가려 하지 않을 것이다. 또 나무를 깎아 인형으로 옥리를 만들어놓고 만나보라 해도 사람들은 역시 만나려 들지 않을 것이다.'라는 말이 있으니 이는 참으로 비통한 언사인 것입니다. 원컨대 법제를 간소화하고 백성에 대한 형벌을 관대하게 해주시기 바랍니다. 그래야 태평한 세상을 일으킬 수가 있을 것입니다." 이 말에 선제宣帝가 정위평廷尉平이란 관직을 두어 다스리게 하자 재판이 공평하게 되었다는 평을 듣게 되었다.

교동膠東의 재상相인 왕성王成이 부지런히 백성들을 위로하고 격려하여 자못 치적이 뛰어나므로 관내후關內侯라는 작호爵號를 내렸다.

위상魏相으로 승상을 삼고, 병길丙吉로 어사대부御史大夫를 삼았다.

지절 4년(B.C. 66), 곽씨 일족이 반란을 모의하여 주살을 당하고 그 가문이 다 멸족하였다. 이를 고발한 자들은 모두 제후에 봉해졌다. 이보다 앞서 곽씨 일족들의 사치스럽고 방종한 처신에 대해 무릉茂陵의 서복徐福이 이런 상소를 올렸다. "때를 놓치지 말고 그들을 억제하여 나라가 망하지 않도록 해야 할 것입니다." 이 상소가 주달되었으나 선제는 듣지 않았는데, 이때에 이르러 어떤 사람이 서복을 위하여 글을 올렸다. "어떤 손님이 주인을 방문한 적이 있었는데, 그 집 아궁이의 굴뚝이 곧게 뻗은 데다가 그 옆에는 또 땔나무가 쌓여 있는 것을 보고 주인에게 말했습니다. '주인께서는 굴뚝을 고쳐 굽게 만들고 땔나무는 좀 더 먼 데로 옮겨놓도록 하십시오.' 그러나 주인은 듣지 않고 있다가 얼마 후에 불이 나고 말았습니다. 동네 사람들이 힘을 합쳐 구원하여 다행히 불길을 끌 수 있었습니다. 이에 주인이 소를 잡고 술을 내어 동네 사람들에게 사의를 표하자 사람들이 말했습니다. '지난번 그 손님의 말을 들었다면 소와 술을 허비하지 않아도 되었을 것이고 화재도 결국은 나지를 않았을 것입니다. 지금 애를 쓴 사람의 공을 논하고 사례를 함에 있어서, 굴뚝을 굽게 고치고 땔나무를 옮기도록 권유한 사람에게는 아무런 은택도 없고, 머리털과 이마를 그을리고 다친 사람에게만 상객 대우를 하십니까.'라고 하였던 것입니다." 이 말을 듣고 선제는 서복에게 비단을 내리고 낭郎으로 삼았다.

선제가 처음 즉위하여 고조高祖의 묘廟를 배알할 때에 곽광이 수레를 함께 타고 선제를 모셔간 일이 있었다. 이때 선재는 등뒤에 마치 까끄라기가 붙어 있는 것처럼 곽광을 두렵고 꺼림칙하게 생각하였다. 그런데 장안세張安世가 곽광을 대신하게 되자 선제는 편안하고 느긋한 마음에 그를 참으로 가까이해보고 싶은 심정이 되었다. 그러므로 세상에서는 말하기를, 곽씨 일족의 화는 참승驂乘을 할 때부터 이미 그 싹이 터 있던 것이라고들 하였다.

북해태수北海太守 주읍朱邑의 치적이 제일이므로 내직으로 들어와 대사농大司農이 되었다.

발해태수渤海太守 공수龔遂가 내직으로 들어가 수형도위水衡都尉가 되었다. 이보다 앞서 발해군渤海郡에 해마다 흉년이 들고 도적이 창궐하므로 선제는 공수龔遂를 선임하여 태수로 삼고 그를 불러 물어본 일이 있었다. "어찌하면 도적들을 잘 다스릴 수가 있겠는가?" 공수가 대답하였다. "바닷가에 있는 발해 땅은 중원과 멀리 떨어져 있는 곳이라 폐하의 덕화를 온전히 입지 못하는 지방입니다. 그래서 그 백성들이 굶주림과 추위에 고생하더라도 관리는 그들을 구휼할 생각을 하지 않습니다. 이는 폐하의 어린 아들이 폐하의 병기를 훔쳐 가지고 좁다란 땅 위에서 장난질을 하고 있는 것이나 다름없습니다. 이제 폐하께서는 신으로 하여금 그들을 무력으로 이기게 해보시려는 것입니까, 아니면 장차 교화하여 편안히 살아가게 해보시려는 것입니까?" 선제가 말하였다. "나라에서 어질고 유능한 인재를 기용하는 것은 실로 백성들을 평화롭게 살아가도록 하려는 것이다." 공수가 대답하였다. "어지러운 백성들을 다스리는 일은 마치 뒤얽힌 실타래를 풀어가는 것과도 같은 것이니 결코 이를 급하게 서둘러서는 안 됩니다. 원컨대 신이 자질구레한 법조문에 얽매이지 않고 그때그때 상황에 따라 적절한 조처를 취할 수 있도록 해주시기 바랍니다." 선제가 이를 허락하였다.

공수가 역마를 타고 발해군 접경에 다다르니, 군에서는 군사를 내서 그를 영접하였다. 공수는 이들을 모두 돌려보내고 문서를 보내 난민들의 체포를 중지하게 하며 선포하였다. "농기를 가진 자들은 양민으로 볼 것이요, 병기를 가진 자들은 도적으로 간주할 것이다." 공수가 단거單車로 관부에 도착하니 도적들은 이를 듣고 곧장 해산을 해버렸다. 백성들 가운데 여전히 칼과 검을 들고 있는 자가 있으면 그들에게 그것을 팔아 소와 송아지를 사게 하며 말하기를 "어찌하여 허리에 소를 달며 송아지를 차고 다니는가." 하였다. 그리고 또 한편으로는 백성들을 위로하고 격려하며 관내를 순행하니, 군중郡中이 모두 살림이 넉넉하고 송사도 없어지게 되었다. 이때에 내직으로 소환되었다.

원강元康 원년(B.C. 65), 경조윤京兆尹 조광한趙廣漢을 죽였다. 이보다 앞서 조광한이 영천태수潁川太守로 나간 일이 있었는데, 영천의 풍습에 세력이 강한 호걸들이 서로 무리를 짓고 있었다. 이에 조광한은 투서함을 만들어 관리와 백성들의 투서를 받아서 서로의 비리를 고발하도록 하니, 간사한 무리들은 흩어져버리고 도적들도 일어나서 힘을 쓰지 못하게 되었다. 이로 인해 조광한은 내직으로 들어와서 경조윤이 되었는데, 그는 특히 다른 사람의 비리를 들춰내는 데 비상한 재질이 있어서 그것으로 정황을 캐냄으로써 마을의 소소한 비리까지도 모두 낱낱이 파악하고 있었다. 비리를 적발하고 숨겨진 것을 들추어내는 데 귀신같은 재능이 있었던 것이다. 이에 경조에 정사가 깨끗이 되자 장로長老들이 말하기를 "한나라가 선 이래로 경조를 다스린 자 가운데 조광한만 한 인물은 없었다." 하였다.

이때 어떤 자가 글을 올려 아뢰기를 '조광한이 개인적인 원한을 가지고 다른 사람에게 사형 판결하는 짓을 하고 있다.'고 무고하므로, 그를 정위廷尉에 내려 조사받게 하였다. 그러자 대궐을 에워싸고 소리 내어 통곡하는 관리와 백성들이 수만 명에 달했으나 결국 허리가 잘리는 형벌을 받고 말았다. 조광한은 성품이 청렴하고 공명하여 세력이 강한 무리들을 잘 억제하였고, 힘없는 백성들은 안심하고 직업에 종사하게 해주었다. 백성들은 그를 추모하여 노래를 지어 불렀다.

윤옹귀尹翁歸로 우부풍右扶風을 삼았다. 이보다 앞서 윤옹귀가 동해태수東海太守가 되어 나가는 길에 정위廷尉인 우정국于定國을 만나보고 인사를 한 일이 있었다. 그때 우정국은 고향 후배의 취직을 부탁해볼 생각으로 윤옹귀와 종일토록 대담을 하였으나 끝내 그에게 인사도 시키지 못하고 말았다. 그러면서 말하기를 "이 사람은 아주 출중한 지도자라 자네가 이분이 시키는 일을 감당해내지 못할 것 같네. 뿐만 아니라 우리들의 사사로운 실정을 가지고 취직을 부탁할 수는 없는 노릇일세." 하였다. 윤옹귀는 동해군에서의 치적이 상등上等으로 평가되어 마침내 내직으로 들어갔고, 그의 치적은 항상 삼보三輔[18] 가운데 최상위에 있었다.

원강 2년(B.C. 64), 선제는 흉노가 쇠약해진 틈을 타, 군사를 일으켜 그 서방 지역을 쳐서 다시는 그들이 서역을 소란케 하지 못하게 하려고 하였다. 그러자 승상 위상魏相이 간하였다.

"어려움을 구원하고 포악한 자를 주벌하는 군사를 의병義兵이라 하니, 의를 위하여 군사를 일으키는 사람은 왕업을 이룩할 수가 있습니다. 적이 우리를 공격할 때 우리가 부득이 군사를 일으키는 경우를 응병應兵이라 하니, 응전應戰을 위하여 일으키는 군사는 승리를 합니다. 조그만 일을 가지고 다투며 원망을 하다가 분노를 참지 못하고 일으키는 경우를 분병忿兵이라고 하는데, 분한分限으로 일으킨 군사는 으레 패망을 하고 맙니다. 남의 토지와 재화를 탐내서 싸우는 경우를 탐병貪兵이라고 하는데, 탐욕에서 일어난 군사도 결국 무너져버리고 맙니다. 나라가 큰 것을 믿고 백성이 많은 것을 자랑으로 여겨서 이것으로 적에게 위세를 보이려는 것을 교병驕兵이라고 하는데, 교만으로 일으킨 군사도 멸망을 하고 맙니다.

이제 흉노가 우리나라의 국경을 침범한 일도 있지 않은데 군사를 일으켜 그 땅에 들어가려 하시니, 신은 이것이 대체 무슨 명분으로 일으키는 군사인지 알지를 못하겠습니다. 올해 자제姊弟가 부형父兄을 살해하고 아내가 남편을 죽인 건수를 계산해보니, 222명이나 되는 수에 달하고 있습니다. 이것은 결코 작은

---

18) 삼보三輔 : 장안 부근의 세 지방 장관을 이르니, 곧 경조윤京兆尹, 좌풍익左馮翊, 우부풍右扶風을 말한다.

일이 아닌데 좌우에서는 이것을 걱정하지 아니하고 도리어 군사를 일으켜 머나먼 이민족들에게 하찮은 원한만을 갚으려 하고 있습니다. 이것은 공자의 이른바 '나는 계손季孫의 걱정거리가 전유顓臾에 있지 않고 오히려 노魯나라 공실公室의 사정에 있을까 걱정된다.'라는 것과 흡사한 것입니다." 선제는 승상의 말을 따랐다.

위상魏相

원강 3년(B.C. 63), 태자태부太子太傅 소광疏廣이 그 형의 아들인 태자소부太子少傅 소수疏受에게 이런 말을 하였다. "내가 듣건대 만족한 줄을 알면 욕될 일이 없고, 그칠 줄을 알면 위태롭지 않다고 한다. 이제 우리가 벼슬을 할 만큼 하고 명성도 얻을 만큼 얻었는데 이런 정도까지 출세를 하고서도 이 자리에서 물러나지 않는다면 후회하게 될 날이 있을까 두렵다." 그날로 두 사람이 함께 병을 칭하고 상소하여 사직을 청하니, 선제는 이를 허락하고 황금을 하사하였다. 공경과 친구들이 행로제行路祭를 지내고 동문 밖에서는 송별연을 베풀어주니, 두 사람을 전송하는 사람들의 수레가 몇 백 량이나 되었다. 도로에서 이 광경을 보고 있던 사람들이 모두 말하기를 "훌륭하다, 두 대부여." 하였다.

그들은 고향으로 돌아와 날마다 하사받은 황금을 돈으로 바꾸어 술과 안주를 장만하고 일가친척과 친구들, 빈객들을 불러 함께 즐기며 놀았다. 그리고 자손들을 위해서는 아무런 재산도 장만해둘 생각을 않고 이렇게 말하였다. "어진 이가 재물이 많으면 그 뜻을 상하고, 어리석은 자가 재산이 많으면 과오를 더하게 된다. 게다가 부자는 여러 사람의 원망의 대상이 되기가 쉬우니, 나는 결코 과오를 더하고 원망이 생기는 일을 하고 싶지 않다."

신작神爵 원년(B.C. 61), 선령강先零羌이 동족인 여러 강족羌族들과 합세하여 반란을 일으켰다. 이에 선제가 후장군後將軍 조충국趙充國에게 사자를 보내 물어보았다. "누구에게 장수를 맡겨 그들을 평정하면 좋겠는가." 이때 조충국의 나이가 70여 세인데 그는 이렇게 대답하였다. "이 늙은 신하보다 나은 사람이 없을 것이옵니다." 선제가 다시 물었다. "장군이 헤아리기에 강족 오랑캐들의 군세는 어떠하며, 또 어느 정도의 병력이 있어야 되겠는가." 조충국이 대답하기를 "군사에 관한 일은 멀리서 헤아리기 어려운 것이니, 원컨대 금성金城까지 가서 살펴본 뒤 그 방략을 도면으로 그려서 올리겠습니다." 하고는, 금성으로 가서 둔전屯田에 대해

조충국趙充國

상주하며 말하였다. "원컨대 기병騎兵은 없애고 보병만 1만여 명을 머무르게 하고서 이들을 요해처要害處에다 분산하여 주둔하게 하십시오." 이와 함께 군사를 단속하여 내보내지 말고 한 곳에 진을 치고 있으면서 농사를 짓게 하는 것이 편리한 점 12가지를 들어 조목별로 개진해 올렸다. 선제는 그의 방략이 상주될 때마다 공경에게 내려 의논하게 하였는데, 처음에는 그의 계책을 옳게 여기는 자가 10의 3에 불과하더니 다음에는 10의 5, 그리고 마지막에는 10의 8이 찬성하기에 이르렀다. 승상 위상魏相도 그의 계책은 반드시 한번 써봄직한 것이라고 보증을 하므로 선제는 이를 따랐다.

신작 2년(B.C. 60), 사예교위司隸校尉 개관요蓋寬饒가 북궐北闕 아래에서 스스로 목을 찔러 죽었다.

신작 3년(B.C. 59), 승상 고평후高平侯 위상魏相이 죽으니, 병길丙吉로 승상을 삼았다. 예로부터 상서上書하는 자는 모두 〈같은 내용이 담긴〉 2통의 문서를 만들고 그중 하나에 '副'자를 써서 제출하였다. 그러면 상서尙書의 직임을 맡은 사람이 우선 '副'라고 쓰여진 봉투를 뜯어보고서 그 내용이 탐탁지 않으면 물리쳐 없애버리고 아뢰지 않았다. 그러던 것을 곽광霍光이 죽은 뒤에는 위상이 곧바로 황제에게 상주해버림으로써 부봉副封 제도를 없애버렸다. 그는 이렇게 함으로써 신하들이 황제의 이목을 가리는 폐단을 방지해보려 했던 것이다. 위상은 승상이 된 뒤에 한나라의 선례와 장주章奏 보기를 좋아하여, 여러 차례 한나라 건국 이래 정세에 따라 적절히 처리한 일들과 가의賈誼, 조조鼂錯, 동중서董仲舒 등이 상주한 말들을 조목별로 정리하고서 이를 시행하고자 청하였다. 또 속관屬官들을 경칙警飭하여 여러 군국郡國들을 살펴보고, 휴가를 얻어 본가에 갔던 관리가 관청으로 돌아왔을 때에는 곧바로 그동안의 사방四方 견문들을 보고하도록 하였다. 그러면서 혹 역적逆賊이나 풍우風雨, 재이災異 같은 것이 있는데도 군국에서 아뢰지 않은 것이 있으면 위상이 번번이 이를 황제에게 아뢰었다. 어사대부御史大夫 병길과 함께 합심하여 국정을 보필하니 선제가 두 사람을 모두 중히 여기었다. 이때 병길이 그를 대신하여 승상이 되었다.

병길丙吉은 관대한 것을 숭상하면서 예도와 겸양을 좋아하는 사람이었다. 어느 날은 집 밖으로 나갔다가 사람들이 서로 다툰 끝에 사상자가 발생한 것을 보게 되었는데, 이에 대해 아무런 질문도 하지를 않았다. 또 어떤 날은 황소 한 마리가 숨이 차서 헐떡거리는 것을 보고, 사람을 시켜 그 소를 몰고 몇 리쯤이나 왔는지 물어보게 하였다. 어떤 사람이 병길의 질문은 이치에 맞지 않는다고 비방을 하니, 그가 대답하였다.

"백성들의 다툼에 대해서는 경조윤京兆尹이 해결해야 하는 것이지 재상이 그렇게 자질구레한 일까지 몸소 챙기는 것은 아니다. 그러니 그런 일까지 내가 물어볼 필요는 없는 것이다. 지금은 바야흐로 봄철이라 그렇게 더울 때가 아닌데 소가 헐떡거리는 것은 아마도 날씨가 덥기 때문일 것이다. 이는 절기가 궤도를 벗어난 현상이다. 천지 음양의 기운을 고르게 하는 것이 삼공三公의 직분이니 이는 내가 마땅히 걱정해야 할 일인 것이다." 그러자 사람들은 통치 질서의 대체를 아는 사람이라고 하였다.

병길丙吉

오봉五鳳 원년(B.C. 57), 좌풍익左馮翊 한연수韓延壽를 죽였다. 한연수가 관리가 되었을 때에 옛 성인의 교화방식을 좋아하여 영천태수潁川太守를 거쳐 중앙으로 들어가 좌풍익이 되었는데, 백성 가운데 형제간에 서로 송사를 벌이는 사건이 있었다. 이에 한연수가 문을 닫고 들어앉아 자신의 부덕不德의 소치임을 반성하자 송사를 일으킨 자들이 각각 후회를 하면서 다시는 분쟁을 일으키지 않았고, 그 치하의 백성들도 모두 합심해서 서로 경계하고 면려하게 되었다. 한연수의 은정과 진실이 구석구석으로 퍼져나가 그 일대에서 두 번 다시 송사를 일으키는 자들이 없게 되었고, 관리와 백성들도 모두 한연수의 지극한 정성을 미루어서 차마 남을 속이는 일을 하지 않게 되었다. 그런데 이때에 와서 어떤 일에 연좌되어 기시棄市를 당하니, 백성들이 눈물을 흘리며 슬퍼하지 않는 자가 없었다.

오봉 3년(B.C. 55), 승상 박양후博陽侯 병길丙吉이 죽었다.

황패黃霸로 승상을 삼았다. 황패가 일찍이 영천태수潁川太守로 있을 때 관리와 백성들이 모두 그의 신명神明함은 속일 수가 없다며 칭송하였다. 그는 백성들을 교화하는 데 힘쓰고, 교화가 되지 않을 경우에만 처벌을 하였다. 그러던 중 장리長吏인 허승許丞이 늙고 병들어 잘 듣지를 못하므로 독우督郵가 이를 태수에게 아뢰어 파직시키려 하니, 황패가 말하였다.

황패黃霸

“허승은 청렴하고 정직한 관리이다. 그가 비록 늙었다 하나 손님을 대할 때 예를 차릴 줄 아니, 여러 번씩 말해야 알아듣는 것이 무슨 해가 되겠는가. 장리를 자주 바꾸면 그들을 전송하고 맞이할 때 드는 비용과, 간사한 속관들이 그때를 기회로 장부를 없애거나 재물을 훔치는 등 공사 간에 들어가는 비용 소모가 매우 많게 될 것이다. 또한 새로 들어오는 속관들이 반드시 다 훌륭한 것도 아니니, 혹시라도 이전 관리만 못할 경우가 있게 되면 다만 서로 간에 혼란만 더하게 되지 않겠는가. 무릇 백성을 다스리는 도란 특별히 심한 경우만 제거해버리면 되는 것이다."

황패는 겉으로는 관대해보이지만 속은 밝은 사람이어서 속관과 백성 모두에게 신임을 얻으니 치적이 천하제일이란 평이 있었다. 이때에 와서 황패가 병길 대신 승상이 되었다. 그러나 그의 재질은 백성을 다스리는 데 장점이 있었으므로 승상이 되고 나서는 공적과 명성이 군민郡民을 다스릴 때보다 떨어졌다.

오봉 4년(B.C. 54), 대사농大司農 경수창耿壽昌이 아뢰기를, 각 지방 군국郡國에 모두 창고를 지어서 곡식값이 쌀 때는 그 값을 더 쳐서 사들여 농민을 이롭게 해주고, 그 값이 비쌀 때는 이것을 싸게 팔아서 농민을 이롭게 해주자고 하였다. 이 제도를 상평창常平倉이라 하니 백성들이 모두 좋은 제도라 하였다.

고평통후故平通侯 양운楊惲이 처형되었다. 양운은 청렴하여 사심이 없던 사람인데 어떤 사람이 글을 올려 '양운이 요악한 소문을 퍼뜨리고 있다.' 하였다. 그리하여 면직되어 일개 서민이 되어버리니, 그는 집에 있으면서 가업에 힘을 쓰며 유유자적하고 있었다. 이에 대해 그의 친구 손회종孫會宗이 충고를 하자 양운이 이렇게 답신을 보냈다.

"나는 관직에 있을 때 과실이 크고 행실에도 결함이 많았소. 그러니 이제부터는 일개 농민이 되어 지내다가 세상을 마쳤으면

하오. 그러나 농부의 생활이란 것에는 괴로움이 많아서 설이나 복날, 납일臘日 같은 때에 으레 양을 잡아 삶고 구워서 술을 마시며 스스로를 위로하였소. 그러다가 술기운이 거나하여 귀 밑에 붉은 기운이 돌게 되면 하늘을 우러러 질장군을 두드리며 노래 부르기를 다음과 같이 하였소."

남산 기슭에다 농사를 지으니
잡초만 우거지고 곡식은 되질 않네
일경一頃쯤 되는 곳에 콩을 심어놓았지만
콩알은 열지 않고 콩 줄기만 앙상하네
허망한 인생이여 행락밖에 더 있을까
부귀를 바란들 어느 때나 올 것인가
참으로 황음무도荒淫無度하여 불가한 줄 모르겠네.

어떤 이가 또 글을 올려 '양운이 교만하고 사치스럽게 지내며 뉘우치는 기색이 없다.'고 고발하였다. 그를 정위廷尉에 내려 살펴보게 하자 손회종에게 보낸 편지도 입수되었다. 선제가 편지를 보고 그를 미워하여 대역무도大逆無道한 죄로 허리를 잘리는 형벌을 내렸다.

감로甘露 원년(B.C. 53), 경조윤 장창張敞을 면직하였다가 다시 기주자사冀州刺史를 삼았다. 이보다 앞서 양운이 죽임을 당할 때

공경들이 아뢰기를 "장창은 양운의 패거리이니 그를 직위에 두어서는 안 됩니다." 하였으나, 선제는 장창의 재능이 아까워 그들의 주청을 묵살하였다. 그 후 장창이 속관인 서순絮舜을 시켜 어떤 일에 대해 검증을 해보도록 하였는데, 이때 서순은 몰래 제집으로 돌아가서 말하기를 "그의 관직 수명은 5일밖에 안 될 것이니, 어찌 이 일을 다시 검증할 수가 있겠는가." 하였다. 장창은 서순의 말을 듣고서 곧바로 그를 잡아다 옥에 가두었다가 결국 사형에 처하였다. 그 후 장창은 서순의 가족들에게 고발을 당하게 되었다. 이렇게 되자 장창은 글을 올려 대궐을 떠나 다른 곳으로 망명을 하였다. 몇 달이 지나자 경사에서는 도둑이 창궐하여 자주 북을 치며 경계령을 내렸다. 선제는 장창의 재능을 생각한 끝에 그를 다시 불러 쓰게 되었다.

감로 3년(B.C. 51), 흉노에 변란이 일어나 다섯 선우單于가 서로 경쟁을 하게 되었다. 호한야선우呼韓邪單于가 한나라에 글을 올려 화친을 청하며 번신藩臣이 되기를 희망하더니, 이때 와서 내조來朝를 하였다. 선제가 조서를 내려 그를 빈객의 예로써 대접하고, 다른 제후왕들보다 상위上位에 있게 하였다.

선제는 오랑캐들이 와서 복종하는 것이 그 신임하는 측근들의 보필 덕분이라 생각하여 그들의 초상을 기린각麒麟閣에 그리게 하였다. 이때 그들의 관작과 성명을 모두 썼으나 오직 곽광霍光만은 이름을 쓰지 않고 '대사마 대장군 박육후 성 곽씨大司馬大將軍博陸侯姓霍氏'라고 하였다. 그 이하의 인물들은 장안세張安世 · 한증韓增 · 조충국趙充國 · 위상魏相 · 병길丙吉 · 두연년杜延年 · 유덕劉德 · 양구하梁丘賀 · 소망지蕭望之 · 소무蘇武 등 11인이니, 이들은 모두 높은 공덕이 있어 당대에 그 이름이 나 있었다.

승상 황패가 죽으므로 우정국于定國으로 승상을 삼았다. 이보다 앞서 우정국의 아버지 우공于公이 옥리가 된 일이 있었는데, 이때 동해東海의 어떤 효부孝婦가 남편을 잃고 살면서 재가를 하지 않은 채 시어머니를 봉양하고 있었다. 시어머니는 나이가 늙었으므로 그 며느리가 개가하는 데 방해가 될 것이라 생각하여 스스로 목을 매어 자살을 하였다. 이렇게 되자 시누이는 그 며느리가 자기의 어머니를 핍박해서 죽게 한 것이라고 고발을 하였다. 며느리는 억울한 것을 변명도 하지 못한 채 스스로 죄를 받고 말았다. 우공은 그때 이를 간쟁하였으나 관철하지 못하고 효부는 결국 죽고 말았다. 그러자 동해에서는 3년씩이나 가뭄이 들었다. 그 후 태수가 새로 부임해왔을 때 우공이 가뭄이 지속되는 까닭을 이야기하자 태수가 효부의 무덤에 가서 제사를 지내니 마침내 비가 내리게 되었다.

이처럼 우공은 옥을 다스리는 일을 하는 동안 음덕陰德을 베풀었는데, 어느 날 자기 집 대문과 동네 어귀의 출입문을 사마駟馬가 드나들 정도로 크게 만들게 하고는 말하였다. "내 후손 가운데 반드시 입신양명할 자가 나올 것이다."

지절地節 원년(B.C. 69)에 아들 우정국이 과연 정위가 되자 조정에서는 그를 칭찬하기를 "장석지張釋之가 정위가 됐을 때도 천하에 원통하게 죄를 받는 백성이 없었는데, 이제 우정국이 정위가 되니 백성들은 스스로 생각하기를 '조금도 억울할 것이 없겠다.'고들 한다." 하였다. 이때에 이르러 우정국은 어사대부御史大夫를 거쳐 황패黃霸를 대신해 승상이 되었다.

황룡黃龍 원년(B.C. 49), 선제가 붕어하므로 두릉杜陵에 장사하였다.

선제가 재위 25년 동안 연호를 바꾼 것이 7차례였는데, 본시本始 · 지절地節 · 원강元康 · 신작神爵 · 오봉五鳳 · 감로甘露 · 황룡黃龍 등이었다. 선제는 민간에서 자란 사람이라 대중생활의 쓰라린 점을 잘 알고 있었고, 즉위하여 힘써 정사에 매진한 결과 추기樞機(정치의 요처要處)가 주밀하고 품식品式(품제와 법식)이 잘 구비되었다. 주군州郡에 자사刺史와 수守, 상相을 임명할 때는 으레 친히 만나보고 이것저것 물어보았는데 한번은 이런 말을 하였다. "백성들이 마을에서 편안히 살면서 탄식하거나 근심 걱정이 섞인 목소리를 내지 않는 것은 정사가 바르고 송사가 잘 처리되기 때문일 것이다. 나와 함께 이런 일들을 해나갈 자는 오직 선량한 이천석二千石(지방관)들일 것이다."

그는 또 말하기를 "태수太守는 그 지방 관리들과 백성의 중심이니, 이를 자주 바꾸게 되면 백성들이 불안해한다." 하고, 이천석 중에 치적이 훌륭한 자가 있으면 그때마다 옥새를 찍은 친서를 내려 면려하면서 관직을 올리고 금품을 내려주었다. 혹 공경 가운데 결원이 생기면 일찍이 표창을 받은 자 중에서 선발하여 차례차례 기용을 하니, 한나라는 이때에 와서 선량한 관리가 가장 많이 배출되었다. 선제는 상과 벌을 공정히 하고 명성과 실제가 일치하도록 사물의 본말을 종합하고 핵실하니, 정치가 · 문학가 · 법률가들이 모두 그 능력을 마음껏 발휘하게 되었다. 이리하여 관리들은 각각 그 직분에 알맞게 일하고 백성들은 그 본업에 편안히 종사하였다.

한편 흉노의 쇠란한 때를 만나, 어차피 망할 자는 밀어 없애고 존속할 가망이 있는 자는 잘 육성하기에 힘쓰니 한나라의 위신이 흉노 일원에 떨쳤다. 그리하여 선우들이 한나라의 은의를 사모하여 머리를 숙이며 번신藩臣을 칭하게 되니, 선제의 위광은 조종祖宗에 빛나고 공업功業은 후손에게도 미치게 되었다. 그의 중홍한 공덕은 실로 은殷나라 고종高宗, 주周나라 선왕宣王의 그것과도 같은 것이라고 할 수가 있었다. 태자가 즉위하니 바로 효원황제孝元皇帝이다.

8) 효원황제孝元皇帝

효원황제孝元皇帝의 이름은 석奭이다. 그는 처음 태자가 되었을 때부터 부드럽고 인자하며 유학을 좋아하였는데, 선제宣帝가 중용하는 인물들은 대부분 법률에 달통한 관리들로서 형명刑名에 입각하여 아랫사람을 단속하는 것이었다. 한번은 주연이 있을 때 태자가 넌지시 선제에게 말하였다. "폐하께서는 형벌을 너무도 과신하고 계십니다. 마땅히 유생儒生들을 쓰셔야 합니다." 이에 선제는 안색이 변하며 대답하였다. "우리 한나라는 한나라 나름의 제도가 있어서 패도霸道와 왕도王道를 적절히 융합하여 운용하고 있는데, 어찌해서 순전히 덕교德教만을 가지고 주周나라의 정치를 할 수가 있겠느냐. 뿐만 아니라 속유俗儒라고 하는 자들은 그때그때의 상황을 통찰하지 못하여 옛것만을 취하고 새것을 무시하여 사람들로 하여금 이론과 실제의 관계에 미혹을 일으키게 한다. 그리하여 사람들이 무엇을 따르고 지켜야 하는지를 모르게 하니 그들에게 어찌 정사를 맡길 수가 있겠느냐." 선제는 그리고 탄식하며 "우리 한나라를 어지럽게 할 자는 태자일 것이다." 하였다.

선제는 소싯적에 처가인 허씨許氏에게 의탁하고 지낸 일이 있었는데, 허황후가 곽씨霍氏에게 독살을 당하므로 차마 태자를 폐위하지 못하고 있다가 이때에 와서 태자가 즉위를 하게 된 것이다.

초원初元 원년(B.C. 48), 첩여婕妤(궁중의 여관女官)인 왕씨王氏를 세워 황후로 삼았다.

초원 2년(B.C. 47), 소망지蕭望之, 주감周堪 및 종정宗正 유경생劉更生 등을 하옥하고 모두 파면하여 서인으로 만들었다. 이때 사고史高가 외척의 신분으로 상서尙書의 일을 맡고, 소망지와 주감이 그를 보좌하고 있었는데, 두 사람은 황제의 사부師傅였으므로 자주 천하의 치란治亂에 관한 문제와 왕도王道에 관한 일을 진언하였다. 또한 유경생을 급사중給事中으로 선발하여 시중侍中 김창金敞과 함께 좌우에서 황제가 놓치는 일에 대해 간하는 일을 맡아보게 하니, 네 사람이 합심하여 일을 처리하므로 사고는 그저 빈자리를 채우고 있을 뿐이었다. 그리하여 이들은 소망지와 점점 틈이 벌어지게 되었다.

한편 중서령中書令 홍공弘恭과 복야僕射 석현石顯은 선제 때부터 오랫동안 나라의 중요한 정무를 맡고 있었는데, 원제元帝가 즉위한 뒤로 석현이 환관 출신인데다 외척이 없다 하여 결국 그에게 모든 정사를 맡기다시피 하게 되었다. 일의 대소에 관계없이 모두 석현의 주청을 거쳐 처리하게 되니 그에 대한 신임과 총애가 조정을 기울일 정도가 되고, 백관들이 그를 모두 공경할 지경이 되었다.

석현은 교묘한 지혜를 가졌고 세속의 일을 다루는 데 능하며, 임금의 미묘한 심지까지 잘 살필 줄 아는 위인이었다. 그는 속마음이 몹시 사악하고 궤변을 구사하여 그것으로 사람을 중상하는 것이 사고史高와 더불어 표리를 이루었다. 이에 소망지 등은 외척인 허씨와 사씨의 무리가 방자하고, 또 홍공과 석현이 마음대로 정권을 휘두르는 것을 근심하여 이렇게 건백하였다.

"중서中書라는 직책은 정사의 근본이요 나라의 핵심이니, 마땅히 사리에 통하고 인품이 정대한 사람을 두어야 하는 것입니다. 무제武帝께서 후연後庭에서 연회를 베풀고 놀았기 때문에 환관을 등용하여 중서에 쓰기는 하였지만, 이것이 옛 제도는 아니었습니다. 그러니 응당 중서에 있는 환관들을 모두 파면하시어 옛날에 황제가 형벌을 받은 사람을 가까이 두지 않았던 의리에 상응하도록 하셔야 할 것입니다." 그러나 원제는 이 말을 따르지 않았다.

홍공弘恭과 석현石顯이 아뢰었다. "소망지 · 주감 · 유경생이 붕당을 만들어 서로 칭찬하고 자주 대신들을 참소하며, 혹은 친척들을 헐뜯고 이간질하면서 나라의 권세를 멋대로 하려 하니, 이는 신하된 자로서 충성스럽지 못한 일이자 임금을 무함하는 부도덕한 행위입니다. 청컨대 알자謁者로 하여금 이들을 불러내어 정위廷尉에게 보내도록 하소서." 이때 원제는 즉위한 지가 얼마 안 되어서 이들을 불러내어 정위에게 보낸다는 것이 감옥으로 보낸다는 것임을 알지 못하였다. 그래서 그는 이들의 주청을 들어주고 말았다. 얼마 후에 원제가 주감과 유경생을 부르니 주위에서 그들이 옥에 갇혀 있다고 말하였다. 원제는 크게 놀라 "단지 정위가 문초하는 것으로 끝날 일이 아니었더냐." 하고 나와서 정사를 보게 하였는데, 홍공과 석현이 사고史高를 보내 설득하게 하여 원제는 결국 그들을 파면해버리고 말았다.

그 후 원제는 다시 주감과 유경생을 불러 중랑장中郎將을 제수하고 소망지는 승상을 삼으려 하였다. 그러자 홍공 · 석현 · 허씨 · 사씨가 모두 이들을 두려워하면서, 특히 소망지는 원래 지조가 있어서 억지로 굴복하여 치욕을 당할 사람이 아닌 것을 알았으므로 건백하였다.

"소망지는 허물을 뉘우치거나 죄에 승복하지도 않을뿐더러 깊이 원망을 하면서, 스스로 임금의 사부라는 핑계로 끝내 죄를 받지 않을 것이라 생각하고 있습니다. 그러니 그를 투옥하여 굴복하게 하여 그 불만이 가득한 마음을 막아놓지 않는다면 우리 성조聖朝의 두터운 은덕을 베풀 길이 없을 것입니다." 이에 원제가 말하였다. "태부太傅는 원래 강직한 사람이다. 어찌 기꺼이 옥리에게 잡혀갈 생각을 하겠는가." 석현 등이 말하였다. "사람의 목숨은 지극히 소중한 것이고, 소망지가 받고 있는 죄도 말을 가벼이 한 허물에 불과한 것이니, 굳이 걱정하실 일이 아닙니다."

원제는 알자를 시켜 소망지를 부르는 한편 신속히 집금오執金吾[19]의 기마군을 동원하여 달려가 그의 집을 포위하게 하였다.

---

19) 집금오執金吾 : 군영軍營(혹은 진영陣營)의 관명이다. 오吾는 어禦의 뜻이니 항상 병기兵器를 가지고 있으면서 비상사태에 대비하고 있는 것임을 말한다.

그러자 소망지는 짐주鴆酒를 마시고 스스로 목숨을 끊었다. 원제는 이 소식을 듣고 크게 놀라 식음을 전폐하고 체읍하며 석현 등을 불러 문책하니, 그들이 모두 관을 벗고 사죄하였다. 얼마 있다가 벼슬을 그만두게 하였다. 이 해에 와서 홍공이 죽으므로 결국은 석현으로 중서령을 삼았다.

초원 5년(B.C. 44), 흉노의 질지선우郅支單于가 한漢나라 사자使者를 죽이고 서쪽의 강거康居로 달아났다.

영광永光 원년(B.C. 43), 흉노의 호한야선우呼韓邪單于가 북쪽 왕정王庭으로 돌아갔다.

건소建昭 2년(B.C. 37), 위군태수魏郡太守 경방京房을 죽였다. 경방은 초연수焦延壽에게 역易을 배웠는데, 초연수가 일찍이 말하기를 "나의 도를 배워 자신의 몸을 망칠 자는 경생京生일 것이다." 하였다. 경방이 낭중郎中 벼슬을 함에 가끔 천재지변에 관한 예언을 한 것이 적중을 하였다. 하루는 그가 원제의 한가한 시간에 알현하여 어떤 일을 가지고 말하였는데, 이것은 내심 석현石顯을 지목하고 한 말이었다. 이에 석현이 원제에게 아뢰어 그를 외직으로 내쳤다가 이윽고 다시 불러 하옥시켜 기시棄市에 처해 버렸다.

석현의 권위가 날로 성대해져서 중서복야中書僕射 뇌량牢梁, 소부少府 오록충종五鹿充宗 등과 도당徒黨을 결성하기에 이르렀다. 이 무리들과 한패가 되어 의지하는 자들은 모두 영화로운 지위를 얻게 되니, 백성들이 이에 대해 노래를 불렀다.

뇌牢냐 석石이냐
오록객五鹿客이냐
관인官印은 어찌 그리 무겁고
인끈은 왜 그리도 긴 게냐

건소 3년(B.C. 36), 서역부교위西域副校尉 진탕陳湯이 칙명이라 속이고 군사를 내어 도호都護 감연수甘延壽와 함께 강거康居에서 흉노의 질지선우를 습격해 그 목을 베었다. 건소 4년(B.C. 35) 봄에 그의 머리를 장안으로 보내어 고가槀街에 10일간 매달았다.

경녕竟寧 원년(B.C. 33), 호한야선우가 내조來朝하여 한나라의 사위가 되기를 희망하므로 한나라가 후궁인 왕장王嬙(왕소군王昭君)을 주었다.

원제가 붕어하였다. 재위 16년 동안 연호를 바꾼 것이 네 차례였는데, 초원初元 · 영광永光 · 건소建昭 · 경녕竟寧 등이었다. 원제는 비록 유술儒術을 좋아하였으나 위현성韋玄成, 광형匡衡 등을 얻어 승상으로 기용하였음에도 승상으로서의 공업功業은 없었고, 원제도 우유부단하여 한나라의 왕업이 쇠하였다. 태자가 즉위하니 바로 효성황제孝成皇帝이다.

9) 효성황제孝成皇帝

효성황제孝成皇帝의 이름은 오驁이고 어머니는 왕씨王氏이니, 황태자궁〔甲觀〕에서 탄생하였다. 어려서 경서經書를 좋아하였으나 이후에는 술을 좋아하고 풍악을 즐겼다. 그래서 원제元帝 때에 태자가 되었다가 거의 폐위당할 지경이었는데, 사단史丹(사고史高)이 청포靑蒲에 엎드려 체읍하며 간하므로 중단되었다. 이때에 와서 즉위하고 어머니 왕씨를 황태후로 높였다.

건시建始 원년(B.C. 32), 큰 외숙인 왕봉王鳳으로 대사마大司馬 대장군大將軍을 삼고 상서尙書의 일을 맡아보게 하였다.

석현石顯이 죄악이 드러나 벼슬을 면직하고 고향으로 돌아가다가 도중에 죽었다.

외숙인 왕숭王崇으로 안성후安城侯를 삼고 왕담王譚 · 왕상王商 · 왕립王立 · 왕근王根 · 왕봉시王逢時에게 관내후關內侯의 작위를 내렸다. 그러자 누런 안개가 사방에 자욱하게 깔렸다.

왕씨王氏 오후五侯가 권력을 독점하다

하평河平 2년(B.C. 27), 황태후의 여러 형제들을 남김없이 모두 열후列侯에 봉하였다.

양삭陽朔 2년(B.C. 23), 왕음王音으로 어사대부御史大夫를 삼았다.

대사마大司馬 대장군大將軍 왕봉이 죽었으므로 왕음王音으로 대사마 거기장군車騎將軍을 삼고, 조령詔令을 내려 왕담에게 특진特進[20]의 작위를 주어 성문의 군사를 통솔하게 하였다.

홍가鴻嘉 4년(B.C. 17), 왕담王譚이 죽었으므로 조령을 내려 왕상王商에게 특진特進의 작위를 주어 성문의 군사를 통솔하게 하였다.

영시永始 원년(B.C. 16), 태후의 조카 왕망王莽을 봉하여 신도후新都侯를 삼았다.

영시 2년(B.C. 15), 대사마 거기장군 왕음이 죽었으므로 왕상으로 대사마大司馬 위장군衛將軍을 삼았다.

---

20) 특진特進 : 관명官名이니 제후와 왕공, 장군으로서 공덕이 큰 자에게 조정에서 경의를 표하기 위해서 내리는 관위官位이다. 급級은 삼공三公 다음이다.

영시 3년(B.C. 14), 예전에 남창위南昌尉를 지낸 매복梅福이 상서하였으나 답하지 않았다. 이보다 앞서 매복이 여러 차례 현도縣道를 통해서 천재지변에 관한 일을 상문上聞하였으나 그때마다 '물리친다〔罷〕'는 답변만 있었는데, 이때에 와서 다시 한 번 상서를 하였다.

"지금 임금의 명령은 퇴척을 당하고, 황제의 권위는 탈취를 당하고 있습니다. 그리하여 외척의 권세가 날로 성대해지니, 폐하께서 그들의 행적을 살피기 어려우시다면 원컨대 그로 인해 발생하는 현상을 살펴주십시오. 건시建始 연간 이래로 일식과 지진이 춘추시대보다 3배는 더하고, 수재水災 또한 어느 때와도 비교해볼 수 없을 만큼 빈번히 일어나고 있습니다. 그리하여 음기陰氣는 성하고 양기陽氣는 미약하며, 또 금전金錢을 녹일 때 금가루가 날리는 적도 있습니다.〔金鐵爲飛〕21) 이런 것들이 대체 무슨 현상이겠습니까." 그러나 성제는 이를 받아들이지 않았다.

원연元延 원년(B.C. 13), 대사마 위장군 왕상이 죽었으므로 왕근王根으로 대사마大司馬 표기장군票騎將軍을 삼았다.

예전에 괴리령槐里令을 지낸 주운朱雲이 어떤 일을 가지고 말을

21) 금전金錢을……있습니다 : 하평河平 2년(B.C. 27)에 패군沛郡의 철관鐵官이 쇠를 불리다가 별처럼 금가루가 날리는 현상을 보았으니, 이는 권신權臣이 정사를 주도하는 변이變異를 가리킨다.

하다가 죄를 얻었으나 얼마 후에 사면되었다. 안창후安昌侯 장우張禹가 황제의 사부師傅로서 중대한 정사가 있을 때마다 반드시 참여하여 평정評定[22]을 하였는데, 이때 국가의 관원과 백성들이 이러한 내용의 상서를 많이 올렸다. "나라에 재이災異가 발생하는 것은 왕씨王氏가 정권을 독점하고 있기 때문입니다." 이에 성제成帝는 장우의 집으로 가서 좌우를 물리치고 직접 그 글을 장우에게 보여주었다. 그러나 장우는 자신이 늙고 또 자손들이 유약하므로 왕씨에게 원망을 듣지 않을까 염려하여 임금에게 이렇게 대답을 했다.

"춘추시대에 일식과 지진이 있었던 것은 그때 제후들이 서로 죽이기도 하고 이적夷狄들이 중국을 침략하기도 하였기 때문입니다. 그런데 재이의 의미는 심원하고도 꿰뚫어보기 어려운 것입니다. 성인(공자)도 천명에 대해서는 말씀하신 것이 드물고, 괴이怪異와 신묘神妙에 대해서도 말씀이 없으셨으므로, 성性과 천도天道에 대해서는 자공子貢같은 재주를 지닌 사람들도 들은 바가 없었습니다. 하물며 신 같이 얕은 식견을 가진 비루한 유생이야 무슨 말을 할 수가 있겠습니까. 학문이 얕고 보잘것없는 위인〔新學小生〕이 도를 문란케 하고 사람을 오도誤導한 것이니, 황제께서는 신용하지 마십시오." 성제는 평소에 장우를 믿고 있었기 때문에, 이로부터 왕씨를 의심하지 않았다.

22) 평정定議 : 의론을 한데 모아서 어떤 결론을 도출함을 말한다.

난간을 수리하여 강직한 신하를 정표旌表하다

주운이 글을 올려 뵙기를 청하며 말하기를 "원컨대 상방부尙方府에 있는 참마검斬馬劍을 빌려 아첨하는 신하 한 사람의 머리를 베어버림으로써 여타 신료들을 격려하였으면 합니다." 하였다. 성제가 누구인지를 묻자, 주운이 대답하기를 "안창후安昌侯 장우張禹입니다." 하였다. 성제가 크게 노하여 말하기를 "자네 같은 낮은 직책에 있는 소신小臣이 조정에서 임금의 사부를 욕되게 하니, 그 죄가 실로 죽어도 용서치 못하리라." 하였다. 어사御史가 주운을 붙잡고 아래쪽으로 끌어내리려 하자, 주운이 어전御殿의 난간을 더위잡는 바람에 난간이 부러졌다. 주운이 외치기를 "소신이 죽임을 당하여 옛날의 용방龍逢 · 비간比干과 같은 간신諫臣을 따라 지하에서 노닐 수 있게 된다면 그것으로 만족하겠지만, 폐하의 조정이 장차 어떻게 될까 걱정스러울 뿐입니다." 하였다. 그러자 좌장군 신경기辛慶忌가 자기 머리를 상머리에 부딪쳐 피를 흘리며 힘써 간쟁한 뒤에야 임금의 뜻이 겨우 풀리었다. 그 후 속관들이 부러진 난간을 고치려 하자 성제가 말하였다. "고치지 말고 그대로 모아두었다가 직언하는 신하를 표창하도록 하라."

수화綏和 원년(B.C. 8), 대사마大司馬 왕근王根이 병으로 면직하였으므로 왕망王莽으로 대사마를 삼았다.

수화 2년(B.C. 7), 성제가 붕어하므로 연릉延陵에 장사하였다. 성제는 재위 26년 동안 연호를 바꾼 것이 7차례였는데, 건시建

始 · 하평河平 · 양삭陽朔 · 홍가鴻嘉 · 영시永始 · 원연元延 · 수화綏和 등이었다. 성제는 위의威儀가 있어 조정에 임할 때는 마치 신神과도 같았다. 그러나 주색에 빠져 정치의 실권이 외척에게 옮겨갔으며, 장우張禹 · 설선薛宣 · 적방진翟方進 등이 재상이 되었으나 한漢나라의 제업帝業은 점점 쇠퇴해갔다. 태자가 즉위하니 바로 효애황제孝哀皇帝이다.

10) 효애황제孝哀皇帝

효애황제孝哀皇帝의 이름은 흔欣이니, 정도공왕定陶恭王 강康의 아들이며 원제元帝의 손자이다. 조모는 부씨傅氏이고 어머니는 정씨丁氏이니, 성제成帝에게 아들이 없어서 그를 태자로 삼았는데 이때에 와서 즉위한 것이다. 이에 정씨와 부씨가 정사를 좌우하여 대사마大司馬 왕망王莽을 파면하고 집으로 돌아가게 하였다.

건평建平 원년(B.C. 6), 하하량夏賀良이 말하기를 "한漢나라의 역수曆數는 꽤 쇠하였으니 마땅히 천명을 다시 받아 시급히 개원改元하고 제호帝號도 바꾸셔야 합니다." 하므로, 곧 연호를 태초太初로 바꾸고 제호를 진성유태평황제陳聖劉太平皇帝라 하였다. 이윽고 별 효험이 없자 개원하고 제호를 바꾼 일을 취소해버리고 하하량 등을 주살하였다.

애제는 동현董賢을 총애하여 원수元壽 원년(B.C. 2)에 동현으로 대사마를 삼았는데, 원수 2년(B.C. 1)에 애제가 붕어하므로 동현은 자살을 하였다. 애제는 재위 6년 동안 연호를 바꾼 것이 두 차례였는데, 건평建平 · 원수元壽였다. 그 후 태황태후太皇太后가 왕망王莽으로 대사마를 삼아 상서尙書의 일을 맡게 하고, 중산왕中山王을 맞이하여 즉위시키니 바로 효평황제孝平皇帝이다.

11) 효평황제孝平皇帝

효평황제孝平皇帝의 이름은 기자箕子이니, 뒤에 간衎으로 고쳤다. 그는 중산효왕中山孝王 흥興의 아들이며 원제元帝의 손자이다. 애제哀帝가 붕어하므로 그를 세워 후계로 삼고 태황태후太皇太后가 조정에 임어臨御하였으며, 대사마大司馬 왕망王莽이 정권을 장악하니 백관들은 그들의 정무를 총괄하여 왕망의 명령을 따랐다.

원시元始 원년(A.D. 1), 왕망으로 안한공安漢公을 삼았다.

원시 4년(A.D. 4), 평제가 왕망의 딸을 아내로 맞아하여 황후를 삼았다. 안한공 왕망의 존호에 재형宰衡이란 칭호를 더하여 제후왕보다 윗자리에 있게 하였다.

원시 5년(A.D. 5), 공광孔光이 죽었다. 성제成帝 · 애제哀帝 이래로 공광 등이 삼공三公의 자리를 차지하여 한나라의 재앙을 양성하고 있었다. 그리하여 교묘하게 아첨하는 풍조가 일어나 글을 올려 왕망을 칭송하는 자가 48만 명에 이르렀다. 왕망에게 구석九錫23)을 더해주었다.

납일臘日에 왕망이 평제에게 독毒을 친 초주椒酒를 진상하여 평제가 붕어하였다. 평제는 재위 5년 동안 연호를 바꾼 것이 한 차례였는데, 바로 원시元始이다. 태황태후가 선제宣帝의 현손玄孫 영嬰을 불러다가 황태자를 삼고 그를 유자孺子 영嬰이라 불렀다. 왕망이 거섭居攝 연간에 황제의 자리에 올라 스스로를 가황제假皇帝라 칭하고, 신민들은 그를 섭황제攝皇帝라 하였다.

12) 유자 영孺子嬰

거섭居攝 원년(A.D. 6), 안중후安衆侯 유숭劉崇이 군사를 일으켜 왕망을 토벌하였으나 이기지 못하고 죽었다.

거섭 2년(A.D. 7), 동군태수東郡太守 적의翟義가 군사를 일으켜 왕망을 토벌하였으나 이기지 못하고 죽었다.

초시初始 원년(A.D. 8), 왕망이 스스로 신황제新皇帝라 칭하고, 황태후의 칭호를 신실문모新室文母 태황태후太皇太后로 고쳤다.

---

23) 구석九錫 : 공로가 큰 이에게 내리는 아홉 가지 특전이니, 곧 구석九錫은 여마輿馬 · 의복衣服 · 악칙樂則(악기樂器) · 주호朱戶 · 납폐納陛 · 호분虎賁 · 궁시弓矢 · 철월鐵鉞 · 거창秬鬯 등을 말한다.

왕망王莽은 왕만王曼의 아들이다. 효원황후孝元皇后에게는 8명의 형제가 있었는데 그중 왕만은 일찍 죽어서 후작侯爵에 봉해지지 못하였다. 왕망은 어려서 고아가 되었고, 그의 여러 종형제從兄弟들은 모두가 장군將軍이며 또 오후五侯의 자식들이라, 잘 나가는 시세 속에 사치와 거마車馬, 그리고 여색과 가무 등을 한껏 즐기며 서로 뽐내고 있었다. 그러나 왕망은 허리를 굽히며 공손한 태도와 겸소한 자세로 부지런히 학문에 정진하였고, 그의 의복은 마치 유생儒生처럼 검박하였으며, 밖으로는 영준英俊들과 사귀고 안으로는 여러 백 · 숙부들을 섬기면서 예법도 곡진하게 차렸다. 이에 왕망은 신도후新都侯의 봉작을 받았는데 그는 작위가 올라갈수록 절조를 지키며 더욱 겸손하게 하였다. 그리하여 헛된 명예가 점점 널리 퍼져나간 끝에 그의 백 · 숙부들을 능가하기에 이르렀고, 마침내 한漢나라의 정권을 좌우하게 되었다. 이때에 와서 제위를 찬탈하여 국호를 신新이라 한 다음 12월로 일 년을 시작하는 첫 달을 삼았다.

왕망이 유자孺子 영嬰을 폐하여 정안공定安公이라 하였다.

태황태후太皇太后 왕씨王氏가 붕어하였다.

형주荊州에서 녹림병綠林兵이 일어났다. 이때 법금法禁이 번다하고 가혹하며 또 가뭄과 메뚜기 떼가 창궐하여 형주가 기근에 시달리자 민중들이 서로 모여서 도적이 되기에 이르렀다. 신시新市 사람 왕광王匡이 장수이 되고, 마무馬武 · 왕상王常 · 성단成丹 등이 그를 따라 녹림산綠林山으로 숨어들었다.

왕망의 대부大夫 양웅揚雄이 죽었다. 양웅은 자字가 자운子雲이니, 성제成帝 때에 부賦를 지어 바쳐 낭관郎官이 되어 급사중給事中[24]의 일을 맡아보게 되었는데, 3대(성제 · 애제 · 평제)에 걸쳐 직책을 독점하고 있었다. 왕망이 왕위를 찬탈한 뒤에 오랫동안 같은 직책에 있으면서 승진이 없었다 하여 그를 옮겨 대부로 삼았다. 일찍이 《태현경太玄經》 · 《법언法言》을 지었는데 책 마지막 장章에서 왕망의 공덕을 칭찬하여 이윤伊尹 · 주공周公에 견주었고, 그 후에는 또 진秦나라를 혹평하고 신新나라를 미화하는 글을 지어 왕망을 칭송하였다.

유분劉棻이 일찍이 그에게 기자奇字[25]를 배운 일이 있었는데, 어느 날 유분이 어떤 일에 연좌되어 주살을 당할 때 그 공사供辭가 양웅에게까지 미친 적이 있었다. 이때 양웅은 천록각天祿閣에서 교감校勘에 관한 일을 하고 있었는데, 사자가 와서 체포하려 하므로 그는 천록각 위에서 그대로 뛰어내렸다. 왕망이 조서를

---

24) 급사중給事中 : 전중殿中의 주사奏事에 관한 일을 맡아 천자를 좌우에서 모시는 일을 하였다.

25) 기서奇書 : 한자漢字의 서체書體인 고문古文 · 기자奇字 · 전서篆書 · 예서隸書 · 무서繆書 · 충서蟲書 중의 하나이다.

내려 양웅에 관한 일은 불문에 부치도록 하였는데, 이때에 와서 죽은 것이다.

낭야琅邪의 번숭樊崇과 동해東海의 조자도刁子都 등이 모두 군사를 일으켰다.

번숭의 군사는 스스로를 적미병赤眉兵이라 하였다.

녹림병綠林兵이 하강병下江兵과 신시병新市兵으로 나뉘었다.

형주荊州와 평림平林에서 군사가 일어났다.

한漢나라의 종실宗室인 유연劉縯과 그의 아우 유수劉秀가 창릉春陵에서 기병起兵하여 한 왕실을 다시 일으키니, 신시新市 · 평림平林의 군사가 모두 합세하였다.

신시新市와 평림平林의 여러 장수들이 갱시장군更始將軍 유현劉玄을 함께 옹립하여 황제로 세우고, 크게 사면령을 내리며 연호를 고쳤다. 유현은 창릉春陵의 절후節侯 유매劉買의 현손玄孫으로 유연劉縯 · 유수劉秀와 동고조同高祖의 혈족이었다. 이때 그는 평림군에서 갱시장군이라 불렸는데, 여러 장수들이 그의 나약한 기질을 잘된 일로 여겨 황제로 세웠던 것이다. 그가 남면南面하고 서서 여러 신하들의 조회를 받을 때 손으로 안석을 쓰다듬으며 아주 수줍고 부끄러워 땀을 흘릴 뿐 아무 말도 하지 못하였다. 완宛에 도읍하였다.

유수劉秀가 곤양昆陽 근방에서 왕망의 군사를 크게 격파하였다.

성기成紀 사람 외효隗囂가 군사를 일으켜 한漢나라에 호응하였다.

공손술公孫述이 성도成都에서 군사를 일으켰다.

상공上公 왕광王匡을 보내어 낙양洛陽을 치고, 상장군上將軍 신도건申屠建은 무관武關을 공격하게 하니, 석析 사람 등엽鄧曄이 군사를 일으켜 관문을 열고 신도건을 맞아 장안長安으로 쳐들어갔다. 군사들이 왕망을 죽이고 그 머리를 완宛으로 보내어 보고하였다.

왕망이 제위를 찬탈하기 전에 관명과 12주州의 경계를 개정하고, 관직을 설치하고 없애는 등 개역改易을 해서 천하가 매우 번잡하였다. 또 착도錯刀 · 계도契刀 · 대전大錢 등의 화폐를 새로 주조하였는데, 제위를 찬탈한 뒤에는 '유劉'자가 '묘卯 · 금金 · 도刀'로 이루어진 글자라 하여 강묘剛卯[26]나 금도金刀 등을 만드는 것을 금지하고 사용하지 못하게 하였다. 뿐만 아니라 착도錯刀 · 계도契刀 · 오수전五銖錢 등의 유통도 금지하였다.

천하의 전지田地를 왕전王田[27]의 개념으로 고쳐놓고 마음대로 사고팔지 못하게 하였다. 그리고 한 집안 정남丁男의 수가 8명이 안 되는데 전지의 면적이 1정井이 넘을 경우에는 그 나머지 부분을 일족이나 그 동네의 다른 집으로 분배하도록 하였다. 그래서 원래 땅이 없던 사람도 땅을 받게 되었다. 한편 오균五均 · 사시司市 · 전부錢府[28] 등의 관서를 두어 백성에게 각각 자기들이 가업으로 하는 물품으로 공물을 바치게 하고, 여러 가지 화폐를 만들어 금金 · 은銀 · 귀龜 · 패貝 · 전포錢布 등 5물物 6명名으로 28품品의 화폐가 유통되기에 이르렀다. 그러자 백성들이 갈피를 못 잡고 방황하게 되니 보화寶貨들도 유통이 잘되지 못하였다. 이에 다시 소전小錢 · 대전大錢을 만들어 쓰게 하였지만 제도가 자주 변경되어 신용이 없게 되었다. 이에 백성들은 주조판을 훔치거나 몰래 오수전五銖錢을 들고 다니다가 죄망에 걸리게 되니, 농부와 상인들이 생업을 잃고 식품과 화폐도 모두 없어질 지경이 되어 백

---

26) 강묘剛卯 : 한나라 사람들이 사악한 기운을 물리치기 위해 만들어 패용하던 기물이다. 정월正月의 묘일卯日에 만드는데, 쇠나 옥 혹은 복숭아나무를 재료로 만들고 벽사의 글귀를 새긴다.

27) 왕전王田 : 개인의 소유를 인정하지 않고 왕실 공유의 토지로 여긴 것이다.

28) 오균五均 · 사시司市 · 전부錢府 : 오균五均은 장안長安, 낙양洛陽 등 5개소의 균관均官이니, 균관은 시장의 물가를 평균케 하는 직임이다. 사시司市는 사계절에 한 차례씩 시장 물가를 조절하는 직임이요, 전부錢府는 백성들에게 화폐를 대여하는 기관이다.

성들은 길거리에서 눈물을 흘리며 울기도 하였다. 이후 또 화포貨布 · 화천貨泉[29] 등의 화폐를 만들어내니, 화폐를 한 번 바꿀 때마다 백성들이 크게 죄망에 빠지고 주전법鑄錢法을 범하게 되어, 함거檻車에 실려 가고 형구刑具에 목이 걸려 장안長安으로 이송되는 자가 10만 명이나 되니 그중 죽은 자의 수도 10명에 6, 7명은 있었다. 제도가 바뀌고 정령이 번다하니 사방이 시끄러워져서 노래를 부르며 한나라를 그리워하는 지가 오래되었다.

해마다 가뭄이 들고 메뚜기 떼가 창궐하여 사람들이 서로 잡아먹고 원근 각처에서는 군사들이 일어났다. 왕망은 오색의 약석藥石과 구리로 북두성北斗星 모양의 위두威斗[30]를 만들어 그것으로 반군을 물리쳐보려 하였다. 그리하여 자기가 출입할 때에 이것을 사람에게 지고 함께 가게 하였다. 한나라 군사들이 궁전까지 들어왔음에도 오히려 좌석을 옮겨 위두威斗 자루의 끝을 한나라 군사 쪽으로 하고 자신은 반대쪽으로 앉아 소리쳤다. "하늘이 내게 덕을 주셨는데 한나라 군사들이 나를 어떻게 할 것이냐." 왕망은 결국 점대漸臺에서 목을 잘리고, 군사들이 그의 몸을 찢어 토막 내고 부숴버렸다. 왕망이 한나라를 찬탈한 뒤로부터 신나라가 망할 때까지 대략 15년이었다.

---

29) 화포貨布 · 화천貨泉 : '포布'와 '천泉'은 모두 전錢이니, 그것이 민간에 유포되기 때문에 '포布'라고 하며, 또 그것은 마치 샘물처럼 유행하기 때문에 '천泉'이라고 한다.

30) 위두威斗 : 길이가 1척 5촌인 북두北斗 모형의 기물이니, 이것으로 많은 영웅들을 위압하는 까닭에 명칭을 '위두威斗'라 한 것이다.

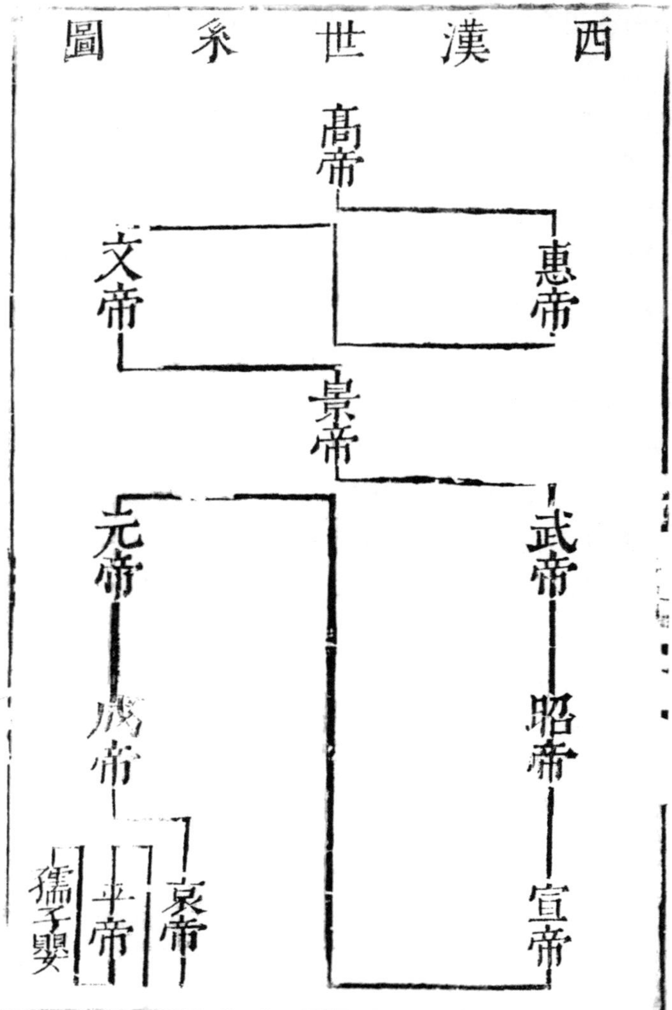

서한세계도西漢世系圖

경시제更始帝(유현劉玄)는 완宛에서 낙양으로 천도하였다가 다음해 장안으로 다시 천도하였는데, 적미병赤眉兵이 이곳을 공략하였다. 다음해에 적미병이 장안으로 들어오자 경시제는 그곳을 빠져나왔다가, 얼마 후 적미병에게 항복하고 그들에게 죽임을 당하였다. 경시제가 스스로 제위에 올라 죽을 때까지 대략 2년이었다. 이보다 몇 달 전에 대사마大司馬 유수劉秀가 이미 하북河北에서 즉위하니 바로 세조世祖 광무황제光武皇帝이다.

〔부 록〕

1. 《십구사략》 총목차

십구사략 권1

태고太古,

삼황三皇, 오제五帝,

하夏나라, 은殷나라,

주周나라, 춘추시대春秋時代

십구사략 권2

진秦나라, 서한西漢

십구사략 권3

동한東漢, 촉한蜀漢, 서진西晉

십구사략 권4

동진東晉, 남북조南北朝,

수隋나라

십구사략 권5

당唐나라

십구사략 권6

오대五代, 송宋나라

십구사략 권7

남송南宋

십구사략 권8

원元나라

십구사략 권9

명明나라

2. 《십구사략》 권2 도판목록

(1) 〈진 시황秦始皇〉, 풍몽룡馮夢龍(명明) 찬撰, 《증상전도동주열국지增像全圖東周列國志》 / 20

(2) 〈여불위呂不韋〉, 풍몽룡(명) 찬, 《증상전도동주열국지》 / 21

(3) 〈아황娥皇과 여영女英〉, 안감당顔鑑塘(청淸) 찬, 왕홰王翽(청) 회繪, 《백미신영百美新詠》 / 26

(4) 〈장량張良〉, 고원顧沅(청) 집輯, 《고성현상전략古聖賢像傳略》 / 27

(5) 〈책을 불태우고 유생을 매장하다〔焚書坑儒〕〉, 장거정張居正(명) 찬, 《제감도설帝鑑圖說》 / 30

(6) 〈아방궁阿房宮 조영〉, 장거정(명) 찬, 《제감도설》 / 32

(7) 〈소하蕭何〉, 고원(청) 집, 《고성현상전략》 / 36

(8) 〈항적項籍〉, 상관주上官周(청) 회, 《만소당화전晩笑堂畵傳》 / 38

(9) 〈한 고조漢高祖〉, 천연天然(명) 찬, 《역대고인상찬歷代古人像讚》 / 45

(10) 〈유방劉邦이 함곡관函谷關에 들어와 법法 삼장三章을 선포하다〉, 장거정(명) 찬, 《제감도설》 / 47

(11) 〈한신韓信〉, 고원(청) 집, 《고성현상전략》 / 55

(12) 〈우희虞姬〉, 상관주(청) 회, 《만소당화전》 / 71

(13) 〈세 호걸豪傑을 임용하다〔任用三傑〕〉, 장거정(명) 찬, 《제감도

설》 / 75
(14) 〈육가陸賈〉, 고원(청) 집, 《고성현상전략》 / 87
(15) 〈조참曹參〉, 고원(청) 집, 《고성현상전략》 / 93
(16) 〈주발周勃〉, 고원(청) 집, 《고성현상전략》 / 95
(17) 〈한 문제漢文帝〉, 천연(명) 찬, 《역대고인상찬》 / 97
(18) 〈문제文帝가 천리마千里馬를 물리치다〔却千里馬〕〉, 장거정(명) 찬, 《제감도설》 / 98
(19) 〈주아부周亞夫〉, 고원(청) 집, 《고성현상전략》 / 104
(20) 〈문제文帝가 존귀함을 굽히고 장졸將卒들을 위로하다〔屈尊勞將〕〉, 장거정(명) 찬, 《제감도설》 / 106
(21) 〈한 경제漢景帝〉, 천연(명) 찬, 《역대고인상찬》 / 108
(22) 〈동중서董仲舒〉, 천연(명) 찬, 《역대고인상찬》 / 113
(23) 〈부들을 엮은 수레로 현자를 초빙하다〔蒲輪徵賢〕〉, 장거정(명) 찬, 《제감도설》 / 116
(24) 〈위청衛靑〉, 고원(청) 집, 《고성현상전략》 / 121
(25) 〈급암汲黯〉, 고원(청) 집, 《고성현상전략》 / 132
(26) 〈동방삭東方朔〉, 고원(청) 집, 《고성현상전략》 / 135
(27) 〈곽광霍光〉, 고원(청) 집, 《고성현상전략》 / 137
(28) 〈소무蘇武〉, 상관주(청) 회, 《만소당화전》 / 139
(29) 〈소제昭帝가 거짓 상소를 분명하게 판별하다〔明辨詐書〕〉, 장거정(명) 찬, 《제감도설》 / 142
(30) 〈위상魏相〉, 고원(청) 집, 《고성현상전략》 / 152

(31) 〈조충국趙充國〉, 고원(청) 집, 《고성현상전략》 / 154
(32) 〈병길丙吉〉, 고원(청) 집, 《고성현상전략》 / 157
(33) 〈황패黃霸〉, 고원(청) 집, 《고성현상전략》 / 159
(34) 〈왕씨王氏 오후五侯가 권력을 독점하다〔五侯擅權〕〉, 장거정(명) 찬, 《제감도설》 / 173
(35) 〈난간을 수리하여 강직한 신하를 정표旌表하다〔葺檻旌直〕〉, 장거정(명) 찬, 《제감도설》 / 177
(36) 〈서한세계도西漢世系圖〉, 왕기王圻(명) 찬, 《삼재도회三才圖會》 / 188

3.《제왕도통만년도帝王道統萬年圖》

- 구영仇英(명明) 회繪, 대만 국립고궁박물원 소장 -

(1) 태호 복희씨太昊伏羲氏

(2) 염제 신농씨炎帝神農氏

(3) 황제 헌원씨黃帝軒轅氏

(4) 제요 도당씨帝堯陶唐氏

(5) 제순 유우씨帝舜有虞氏

(6) 후직后稷

(7) 하후씨夏后氏 우禹

(8) 하夏나라 계啓

(9) 은殷나라 성탕成湯

(10) 은殷나라 고종高宗과 부열傅說

(11) 주周나라 문왕文王

(12) 주周나라 무왕武王과 기자箕子

(13) 주周나라 성왕成王과 주공周公

(14) 한漢나라 고조高祖

(15) 한漢나라 문제文帝

(16) 한漢나라 광무제光武帝

(17) 한漢나라 명제明帝

(18) 당唐나라 태종太宗

(19) 송宋나라 태조太祖

(20) 송宋나라 인종仁宗

4. 《역대제왕진상歷代帝王眞像》

- 요문한姚文翰(청淸) 회繪, 뉴욕 메트로폴리탄 미술관 소장 -

(1) 복희씨 진상伏羲氏眞像

(2) 제요 진상帝堯眞像

(3) 상 탕왕 진상商湯王眞像

(4) 주 무왕 진상周武王眞像

(5) 한 고조 진상漢高祖眞像

(6) 한 광무 진상漢光武眞像

(7) 양 무제 진상梁武帝眞像

(8) 수 문제 진상隋文帝眞像

(9) 당 고조 진상唐高祖眞像

(10) 당 태종 진상唐太宗眞像

(11) 송 태조 진상宋太祖眞像

(12) 송 태종 진상宋太宗眞像

(13) 송 진종 진상宋眞宗眞像

(14) 송 인종 진상宋仁宗眞像

(15) 송 영종 진상宋英宗眞像

(16) 송 철종 진상宋哲宗眞像

(17) 송 휘종 진상宋徽宗眞像

(18) 송 흠종 진상宋欽宗眞像

(19) 남송 고종 진상南宋高宗眞像

(20) 송 영종 진상宋寧宗眞像

(21) 송 이종 진상宋理宗眞像

(22) 송 도종 진상宋度宗眞像

전통문화연구회 도서목록

◆ 基礎漢文教材 ◆

서명	저자
사자소학	성백효
추구·계몽편	〃
명심보감	〃
동몽선습·격몽요결	〃
주해천자문	〃

◆ 東洋古典國譯叢書 ◆

서명	저자
논어집주	성백효
맹자집주	〃
대학·중용집주	〃
시경집전上·下	〃
서경집전上·下	〃
주역전의上·下	〃
소학집주	〃
고문진보 후집	〃
해동소학	〃
효경대의	정태현
황제내경소문·영추	홍원식

◆ 漢字漢文教育叢書 ◆

서명	저자
한자교육新講	이응백 외
韓中한문연원	이응백
교양인을 위한 한자·한문	김기창
한자교육시험백과	김종혁
실용교양한문	이상진
한문과 교육과정 변천과 내용 체계 연구	원용석
한문과 교수-학습 모형	김재영
한자 자원 교육론	한은수
한자한문교육논총上·下	정우상

◆ 教授用 指導書 ◆

서명	저자
사자소학	함현찬
추구·계몽편	〃
격몽요결	〃
주해천자문	이충구
명심보감	이명수
동몽선습	전호근

◆ 東洋古典譯註叢書 ◆

서명	저자
춘추좌씨전1~8	정태현
장자1~4	안병주·전호근·김형석
고문진보 전집	성백효
심경부주	〃
근사록집해1~3	〃
통감절요1~9	〃
예기집설대전1	신승운
당시삼백수1~3	송재소 외
설원1~2	허호구
동래박의1~2	정태현·김병애
안씨가훈1~2	정재서·노경희
대학연의1~5	신승운 외
십삼경주소	
논어주소1~3	정태현·이성민
상서정의1~4	김동주
주역정의1~3	성백효·신상후
모시정의1~2	박소동
예기정의 - 중용·대학	이광호·전병수
효경주소	정태현·강민정

당송팔대가문초

서명	저자	서명	저자
한유1~2	정태현	구양수1~4	이상하
왕안석1~2	신용호·허호구	소식1~5	성백효
소철1~3	김동주	소순	이장우 외
증공	송기채	유종원1~2	송기채

서명	저자
무경칠서직해	
손무자·오자	성백효·이난수
육도·삼략	성백효·이종덕
울료자·이위공문대	성백효·이난수
사마법	성백효·이난수
사정전훈의 자치통감강목1~10	성백효 외

◆ 기　타 ◆

서명	저자
초등학교 漢字1~4단계	정우상 외
경전으로 본 세계종교	길희성 외
창세기 역주	방석종